QUATRE TITRES
POUR UN.

IMPRIMERIE D'A. BERAUD,
Rue Saint-Denis, N°. 374.

Quatre titres pour un.

QUATRE TITRES

POUR UN

LES TROIS DIABLES; — LE DONJON DE LA TOUR DU NORD; — HUIT JOURS A PARIS; — HUIT JOURS EN PROVINCE;

Par RABAN.

TOME PREMIER.

A PARIS,

Chez LOCARD et DAVI, Libraires, QUAI DES AUGUSTINS, N°. 3.

1820.

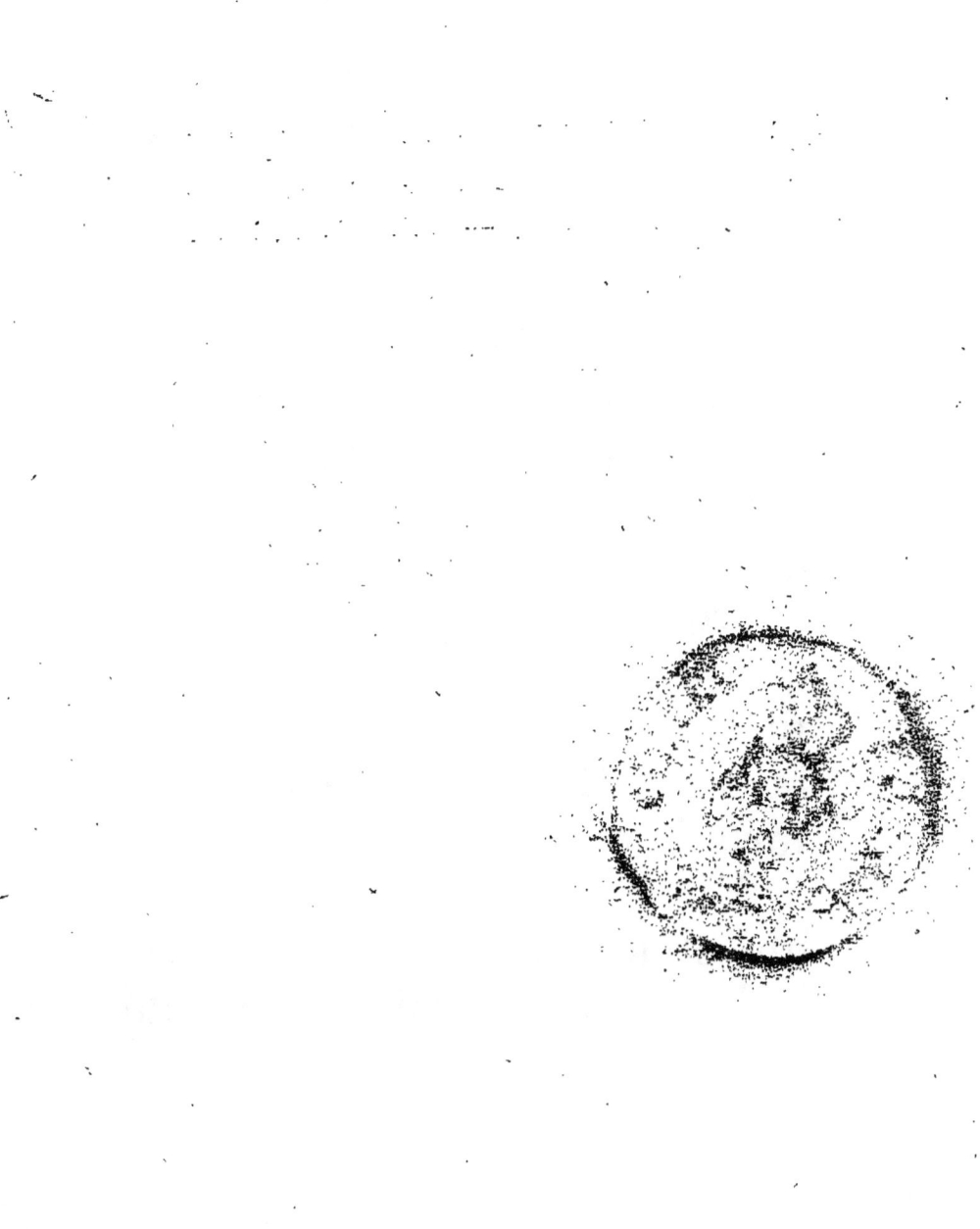

INTRODUCTION.

Le marquis de St.-Alban venait d'acheter un ancien château fort, qui avait autrefois servi de prison d'état; et comme il avait l'intention d'en faire un séjour de plaisance, il fit venir une grande quantité d'ouvriers, afin de démolir une partie du monument gothique, pour le rebâtir sur un autre plan. Un jour qu'il visitait les travaux, il s'arrêta à une petite chambre qui ne recevait de jour que par une ouverture pratiquée dans la muraille, et garnie de très-forts barreaux de fer.

Monsieur de Saint-Alban, qui était philosophe, et dont la bienfaisance était connue de tous ceux qui l'entouraient, goûtait un secret plaisir en pensant que ce monument de la féodalité et du despotisme ne servirait plus à entasser des milliers de victimes; mais qu'au contraire il allait devenir l'asile des malheureux.

Le marquis n'était pas entiché de noblesse, et nul pourtant n'avait plus fait pour mériter ce titre : il avait vingt fois versé son sang pour son pays. Il était bon, humain, et d'une grandeur d'âme digne des héros de l'antiquité ; il estimait les hommes qui lui paraissaient estimables, sans s'informer si leurs aïeux avaient ou non suivi saint Louis dans la Palestine, et il méprisait les sots, orgueilleux d'un titre que leur donnait un parchemin vermoulu, et qui n'avaient rien fait pour s'en rendre dignes.

Nous disions donc que M. de Saint-Alban voyait avec plaisir détruire un monument qui rappelait des temps que, pour l'honneur de l'humanité, on devrait chercher à faire oublier. Déjà les murailles épaisses de la petite chambre où il se trouvait commençaient à céder sous les efforts des ouvriers; peu-à-peu le jour y pénétrait davantage, et permettait de distinguer les objets, lorsque M. de Saint-Alban, qui promenait ses regards sur le plancher, aperçut un rouleau de papier; il le ramassa, et sortit pour voir ce que c'était. A peine en eût-il lu quelques lignes, qu'il reconnut que ce ne pouvait être que l'histoire de quelques victimes de ces temps de barbarie : il l'emporta avec lui, et après le dîner, lorsque tout le monde fut rassemblé dans le salon, il lut, au milieu de l'assemblée, l'histoire suivante, que nous avons littéralement copiée sur le manuscrit original, et que nous avons crue digne d'intéresser le Public.

Puisse notre espoir ne pas être déçu ! et puisse le suffrage de nos lecteurs être le prix de notre travail !

LES TROIS DIABLES,

OU

LA CAVE INFERNALE.

CHAPITRE PREMIER.

Le Pavillon des Revenans. — Disparition d'Ernest. — Augustine.

Tel naquit d'un fripon, et cependant est honnête homme. Peut-on choisir son père ? Le mien se nommait *de Romanci* ; il était riche, très-riche. Comment avait-il acquis tant de biens ? Je l'ignorais ; mais il était humain, bienfaisant, il me chérissait : que m'importait le reste ? Une particularité, qui m'avait toujours frappé, c'est que mon péré passait pour sorcier dans le village dont nous habitions le château. Les domestiques mêmes, qui nous servaient, n'eussent pas ôsé approcher, la nuit, d'un pavillon situé dans le jardin, et où il se passait, disait-on, des choses extraordinaires. L'un assurait avoir vu des fantômes d'une taille gigantesque ; l'autre avait vu des flammes ; et tous avaient entendu des bruits de chaînes épouvantables. Vingt fois j'avais été tenté d'éclaircir ce mystère ; j'étais, pendant le jour, entré dans le pavillon ; je n'y avais trouvé que quelques meubles vermoulus ; mais rien qui indiquât que le diable y avait établi domicile. Il est vrai que, la nuit, je ne me sentais pas la force d'approcher de ce lieu désert ; mais, à la fin, la curiosité l'emporta. Il y avait au château un vieux domestique nommé Ambroise ; il m'avait vu élever, et m'était fort attaché : je lui communiquai mon dessein, et l'engageai à me seconder. — « Ah ! mon cher Alphonse, me dit-il, gardez-vous bien d'approcher pendant la nuit de ce pavillon infernal. Bien d'autres avant vous l'ont tenté ; et tous ont disparu, sans qu'on ait pu savoir ce qu'ils étaient devenus. »

Ces paroles d'Ambroise ne firent

qu'augmenter encore ma curiosité ; je le suppliai de m'accompagner ; je lui représentai qu'il était ridicule, absurde même, de croire aux esprits, aux revenans ; que, d'ailleurs, nous irions bien armés : rien ne put le décider. — Je pense tout cela comme vous, me répondit-il ; mais je ne suis pas maître de la frayeur que m'inspire la vue de ce bâtiment. D'ailleurs les meilleures raisons du monde ne pourraient me faire croire que je n'ai pas vu ce que j'ai vu, et que je n'ai pas entendu ce qui a réellement frappé mes oreilles. — Qu'avez-vous donc vu, mon cher Ambroise ? — Ce que j'ai vu, Monsieur ! des choses capables d'effrayer les plus hardis. J'étais jeune encore, et vous n'étiez pas né ; votre père, qui a toujours aimé la solitude, était sorti à pied l'après-midi, pour chasser dans les environs du château. Sur le soir, madame votre mère ne voyant pas revenir son mari, en fut très-surprise, car il ne manquait jamais de rentrer après le soleil couché. Cependant il était dix heures, et il n'avait pas encore paru. L'inquiétude de madame de Romanci était à son comble; elle fit prendre des flambeaux à tous les domestiques, pour aller à la découverte. J'y fus comme les autres, car M. de Romanci a toujours été le meilleur des maîtres, et nous le chérissions tous comme on chérit un père. On se dispersa; je marchais de mon côté depuis environ quatre heures, et toutes mes recherches étant infructueuses, je me decidai à retourner au château. Cependant il avait fait tout le jour une chaleur insupportable : les nuages s'amoncelaient, et j'étais encore éloigné d'ici, lorsque l'orage éclata. Le vent soufflait avec furie; la foudre faisait trembler la terre. On eût dit, à chaque instant, que le ciel s'entr'ouvrait pour vomir des torrens de feu sur la terre. J'étais harassé de fatigue, et cependant je marchais rapidement. Enfin, j'arrive près du parc; la pluie tombait par torrens : je saute par dessus le mur, et j'entre dans le pavillon pour y attendre la fin de l'orage. Une vieille chaise se trouvait là; je m'assis, et ne tardai pas à m'endormir.

Je dormais du plus profond sommeil, lorsque, tout-à-coup, un bruit épouvantable se fit entendre, et me réveilla en sursaut. J'ouvre les yeux, et un spectre d'une stature démesurée s'offre à mes regards effrayés. J'étois comme vous alors, je riais de tous les contes de revenans. Je m'avance vers le fantôme; mais, au moment où je vais pour le saisir, il disparaît; et le bruit qui m'avait éveillé recommence de nouveau. Je veux sortir, la porte était fermée; je brise un carreau : au même instant, des détonations épouvantables se font entendre : heureusement j'étais déjà dehors, et je m'enfuis à toutes jambes vers le château. Tous mes camarades étaient revenus, votre mère se désespérait; cependant elle nous ordonna d'aller nous reposer. Le lendemain matin votre père reparut au château, sans qu'on sût jamais où il avait passé la nuit. Vous conviendrez, monsieur Alphonse, qu'on peut, sans être poltron, refuser d'aller, la nuit, dans un pareil endroit. — Tout cela, mon cher Ambroise, ne prouve rien, sinon que vous avez fait quelque songe désagréable, qui vous aura réveillé, et que votre imagidation, encore troublée par le rêve, vous aura fait voir un spectre imaginaire, et entendre un bruit que personne ne faisait. — Je vous assure que j'étais bien éveillé, que la peur ne me fascinait pas les yeux, et je vous conseille de ne pas vous exposer, en cherchant des aventures : ce qui, au moins, est inutile.

Cette conversation et la vision d'Ambroise ne firent pas grande impression sur moi, et ne diminuèrent point le désir que j'avais de faire une visite nocturne au pavillon. J'étais même résolu de l'entreprendre seul, lorsqu'un événement vint de nouveau ébranler mon courage.

C'était le temps des vacances; un de mes cousins, qui était encore au collège, vint passer ce temps de plaisir au château. Un soir qu'il se promenait dans le jardin avec une de mes sœurs, et qu'ils passaient tous deux à quelque distance du pavillon, un grand bruit vint frapper leurs oreilles. Ernest, c'était le nom de mon cousin, voulut savoir ce qui le causait. En vain ma sœur tenta-t-elle de l'en empêcher, il marcha vers le pavillon, et il y entra sans balancer. Ma sœur attendit long-temps; mais enfin, effrayée d'une aussi longue absence, elle revint au château, et rapporta ce qui s'était passé. Au récit qu'elle en fit, mon père, sans marquer la moindre surprise, devint sombre et rêveur. Les domestiques reçurent l'ordre de se rendre tous dans ce lieu infernal. Mais, à leur approche, une odeur de souffre insupportable se fit sentir, et en un instant le pavillon parut être en feu. Tant que la nuit dura, personne n'osa en approcher de plus de cent pas, et ce ne fut qu'au grand jour que quelques-uns d'entre eux hasardèrent d'y entrer. Tout était dans le même état que je l'avais déjà vu ; quelques meubles vermoulus composaient tout l'ameublement : il ne restait aucun vestige des choses extraordinaires qui s'y étaient passées, quelques heures auparavant, et toutes les recherches qu'on fit, pour découvrir ce qu'était devenu Ernest, furent inutiles.

La consternation se répandit dans toute la famille ; mais le temps détruit les plus profondes impressions, calme les maux les plus cuisans, et bientôt, si on n'oublia pas ce cruel accident, on s'accoutuma à y penser sans effroi. Je n'avais encore que dix-huit ans ; j'étais devenu sombre ; je me promenais souvent seul, et je brûlais d'éclaircir le mystère du pavillon ; mais la crainte l'emportait toujours sur la curiosité.

Un matin, avant l'aurore, m'étant levé pour prendre le frais dans le parc, je me promenais depuis quelques minutes, lorsque je crus distinguer une femme qui se promenait non loin de moi. Je m'avance vers elle, pensant que ce ne pouvait être que quelqu'un du château : le jour commençait à poindre ; l'aurore dorait la cîme des arbres, et le bois étant fort clair dans cet endroit, je commençai à distinguer les traits de cette femme : ils m'étaient tout-à-fait inconnus. Une douce mélancolie était répandue sur son visage, le plus beau qui, jusque-là, avait frappé mes regards ; je crus même distinguer quelques

larmes qui mouillaient les longs cils de ses beaux yeux. Je ne savais quel sentiment nouveau s'emparait de mon âme ; j'aurais voulu parler à cette jeune beauté, et je n'osais approcher d'elle. Un feu dévorant me monta au visage ; mon cœur battait avec violence : c'était de l'amour, et je ne le connaissais pas encore. La jeune inconnue, qui ne m'avait pas aperçu, s'assit sur un banc de gazon. Le jour avait tout-à-fait dissipé les sombres voiles de la nuit, et je pouvais contempler à mon aise cette figure céleste. Un mouvement que je fis, agita quelques branches ; l'inconnue leva les yeux, m'aperçut, poussa un cri, et voulut se retirer :
— Ne craignez rien ! m'écriai-je en me jetant à ses pieds, et ne fuyez

pas un homme que votre vue seule rend heureux. Ces paroles parurent l'étonner ; elle s'arrêta, me regarda d'un œil humide encore... Qu'elle était belle!... Ah! Augustine! Augustine! bientôt j'aurai cessé de vivre, bientôt la barbare justice des hommes aura tranché les jours de ton amant, bientôt son glaive sanguinaire frappera celui que tu as si tendrement aimé ; mais, jusqu'à son dernier soupir, son cœur sera le temple où tu seras adorée...
— Monsieur, me dit-elle, ma présence en ces lieux doit vous surprendre, et de mon côté, j'étais loin de m'attendre à vous y trouver ; mais toutes les questions que vous pourriez me faire seraient inutiles ; je vous suis inconnue : si j'en juge

d'après vos traits, vous êtes le fils de M. de Romanci : un autre temps pourra nous rapprocher. Adieu. — Arrêtez! arrêtez! m'écriai-je, faites-moi espérer de vous revoir bientôt, si vous ne voulez ma mort. Je ne sais quel charme s'est emparé de tout mon être ; mais à peine ai-je eu le bonheur de vous voir quelques instans, et déjà je sens que, loin de vous, la vie ne sera plus pour moi qu'un fardeau insupportable. En parlant ainsi, je tenais ses genoux embrassés ; des larmes abondantes coulaient de mes yeux. Augustine, c'était le nom de la belle inconnue, Augustine tremblait : son beau sein était agité, un vif incarnat avait remplacé la blancheur de son teint. Elle me releva : nous nous assîmes sur le même banc.; j'osai couvrir de baisers une main qu'on m'abandonna, des paroles sans suite s'échappèrent. Augustine était aussi troublée que moi; et nous ne nous séparâmes qu'avec la certitude de nous revoir le lendemain.

CHAPITRE II.

Amours d'Adolphe et Augustine. — Suite des prodiges du Pavillon. — Projet téméraire.

Froids censeurs, doctes métaphysiciens, ôsez donc soutenir que l'amour n'est qu'un besoin de satisfaire la nature, que ce ne peut être qu'une frivolité, un sentiment purement matériel ! J'ai chéri Augustine ; le plus ardent amour nous unissait. Si l'amour n'est pas un sen-

timent durable, il ne doit pas survivre à l'objet qui le fait naître......
Eh bien ! j'ai perdu Augustine, et son image est toujours dans mon cœur, que le feu qu'elle y alluma ne cesse d'embrâser; et maintenant, maintenant encore que de lourdes chaînes appesantissent mes membres; que je ne reçois de vivres que ce qu'il en faut pour faire détester la vie; qu'un faible jour éclaire à peine le cachot infect que j'habite depuis six mois, et dont je ne dois sortir que pour livrer ma tête aux bourreaux, ce feu sacré n'est pas éteint : il est aussi ardent que le premier jour, et mon dernier soupir, ma dernière pensée seront pour Augustine; son nom sera le dernier qui sortira de ma bouche.

J'attendis le lendemain avec la plus vive impatience. Quel était cet être mystérieux et charmant que je n'avais jamais vu au château, et qui, cependant, devait l'habiter, puisque je l'avais rencontré dans le parc avant le jour? Cela n'avait-il pas quelque rapport avec les choses extraordinaires qui se passaient dans le pavillon? Ces pensées, l'image d'Augustine, et l'impatience que j'éprouvais de la revoir, m'empêchèrent de dormir un seul instant la nuit suivante. Longtemps avant le jour, j'étais au rendez-vous; si le vent agitait le feuillage, il me semblait entendre les pas d'Augustine; à chaque instant je prêtais une oreille attentive, et bientôt je n'entendais plus rien. Peut-être est-elle dans le pavillon, me dis-je, ne pourrais-je y aller ? Que peut-on craindre dans un lieu habité par cette femme angélique ? Oh! rien, rien sans doute; et d'ailleurs, que n'affronterais-je pas pour la voir, pour jouir du bonheur de la serrer dans mes bras, de lui dire combien je l'aime, d'entendre le même aveu s'échapper de sa bouche adorable ?.. Je le sens, tout l'enfer déchaîné contre moi ne m'arrêterait pas. En parlant ainsi, je m'avance vers le pavillon mystérieux. J'en étais encore éloigné de quelques pas, lorsqu'une odeur de souffre se fit sentir. Mon cœur battait avec violence; j'hésitai un moment; mais tout-à-coup je me rappelai qu'Augustine devait être là, qu'elle était l'objet de mes recherches, et mon courage se ranima. Je marche d'un pas ferme et assuré; j'ouvre la porte; je vais entrer.... O terreur!... un spectre de feu s'avance vers moi; je recule d'épouvante, et la porte se referme avec un bruit épouvantable. Cependant je résolus de pousser l'aventure à bout. L'épée à la main, je m'avance de nouveau; la porte résiste à mes efforts : deux coups de ma lame font voler les vitres en éclats. J'allais m'élancer dans l'intérieur; alors une voix sépulcrale fit entendre ces paroles : *Téméraire ! rends grâce à ta jeunesse ; sans elle, tu paierais cher ton imprudence. Que peut tout le courage d'un homme contre un pouvoir plus qu'humain ? Retire-toi.* A ces mots, tout mon être frissonna, mon épée s'échappa de mes mains; je la ramassai, et je retournai au parc. Je n'attendis pas long-temps; les étoiles commençaient à pâlir: Augustine parut. Une longue robe blanche, une ceinture rose, et des cheveux bouclés, flottant sur ses épaules, faisaient toute sa parure. Je m'avance, je la prends dans mes bras, je la presse contre mon cœur, contre ce cœur qu'elle remplit tout entier. — Augustine! m'écriai-je, ma chère Augustine! ouvrez votre cœur à celui qui vous adore; confiez vos chagrins à celui qui jure de vous aimer toujours: s'il ne peut les diminuer, il les partagera... Parlez, parlez! Ne pouvez-vous être à moi? Quelqu'obstacle s'oppose-t-il à mon bonheur? Qui êtes-vous? Avez-vous des ennemis? Si cela pouvait être, vous n'auriez rien à craindre : mon père est riche, il m'aime, il ne voudrait pas ma mort; et pour me conserver la vie, il faudrait qu'il vous défendît.— Votre père, Alphonse ? Hélas ! si j'ai des ennemis, il le sait mieux que moi. Accoutumée à parler sans détour, je vous le dirai sans hésiter : je vous aime, Alphonse, et cela, dès l'instant où je vous vis. J'ignore quels sont les obstacles qui pourraient s'opposer à notre union ; mais ce que je sais fort bien, c'est que s'il vous arrive de parler de moi à M. de Romanci, il ne faut plus espérer de nous revoir. Toutes les autres questions que vous pourriez me faire seraient inutiles; il m'est impossible d'y répondre.

Ces paroles d'Augustine augmentaient tout à-la-fois ma curiosité et mon amour. J'étais aimé!.... Pouvait-il y avoir pour moi un plus grand bonheur? Mais qui était cette Augustine? Pourquoi, jusque-là, n'en avais-je jamais entendu parler au château? Quel était le mystère qui enveloppait tout cela? Et puis, ce pavillon enchanté, ces spectres, cette voix, que signifiait tout cela?.. Mais on m'avait prévenu que toutes questions seraient inutiles; je n'en fis point, et un entretien bien tendre dura jusqu'au lever du soleil. Alors Augustine me quitta; elle ne voulut point me permettre de la suivre, et elle disparut comme un trait. Le chagrin de m'en séparer succéda au plaisir que j'avais éprouvé en la voyant. Il me sembla que mon âme s'envolait vers cette femme céleste. Quelques heures auparavant, j'eusse fait de grands sacrifices pour être sûr d'être aimé; maintenant je le savais, et cela ne pouvait me suffire. Vivre loin de l'objet aimé me semblait un très-grand supplice; mais le mystère qui accompagnait cette intrigue, en était un plus insupportable encore. — Augustine, me disais-je, a quelque rapport avec les hommes ou les diables qui se sont emparés du pavillon; mais qu'y fait-elle? et où loge-t-elle, puisqu'il n'y a pas de lit dans le pavillon, et que les autres meubles qui s'y trouvent tombent de vétusté? Demanderai-je à mon père l'explication de ce mystère ? Il est si bon! il aime tant ses enfans! il ne peut vouloir ma mort; et elle serait certaine s'il n'approuvait mon amour. Après avoir fait ces réflexions, je me disposai à parler à M. de Romanci des choses extraordinaires qui m'étaient arrivées depuis deux jours; mais ces paroles d'Augustine : *Si vous parlez de moi à votre père, il ne faut plus espérer de nous revoir ;* ces paroles, dis-je, m'arrêtèrent tout-à-coup. Ne plus la revoir! cette idée seule me faisait souffrir mille morts. Cependant la charmante inconnue ne m'avait pas défendu de parler du pavillon ; elle ignorait même, au moins je pouvais le présumer, elle ignorait ce qui m'était arrivé en voulant aller à sa recherche. D'ailleurs, il m'était impossible de rester plus long-temps dans l'incertitude où j'étais. Ainsi, voilà qui est décidé, je parlerai ; et, sur-le-champ, je me rendis à l'appartement de M. de Romanci. Je le trouvai à son secrétaire : il paraissait sérieusement occupé, et écrivait vivement. Il me demanda, sans se déranger, et d'un air qui faisait assez voir que ma présence le gênait, ce que j'avais à lui dire. Alors je commençai le récit exact de ce qui m'était arrivé la nuit au pavillon abandonné, sans cependant lui rien dire d'Augustine. A mesure que je parlais, les traits de mon père se rembrunissaient ; il soupira à plusieurs reprises, une larme brilla dans ses yeux ; mais se remettant promptement : — Qu'alliez-vous faire dans cet endroit? me demanda-t-il d'un ton brusque, que pour la première fois il prenait avec moi. — Mon père, l'éducation que j'ai reçue, et la saine raison m'ont appris à mépriser les contes ridicules de démons, de revenans, de sorciers, etc. J'avais entendu parler des prodiges qui se passaient dans le pavillon; je soupçonnai que la fourberie en faisait tous les frais, et je résolus de connaître la vérité; mais j'avoue que les choses que j'ai vues ont ébranlé mon courage. Cependant je suis prêt, avec un second, à recommencer la tentative, tant je suis persuadé qu'il n'y a rien de surnaturel dans tout cela. — Jeune homme, vous prenez l'aveuglement pour la raison : *l'esprit éclairé recule les bornes du possible.* Je vous défends d'entrer dans le pavillon.

Cette défense, et le ton dont elle était faite, me surprirent étrangement. Je me retirais sans répliquer, lorsqu'un homme d'une taille gigantesque, d'un air farouche, entra sans se faire annoncer, et remit à mon père une lettre qu'il tira de son sein. M. de Romanci la prit sans paraître étonné, la lut attentivement; et, comme j'étais resté dans l'appartement, il m'ordonna d'en sortir. Tout cela me fit faire mille conjectures, qui ne m'avancèrent pas davantage. Il me paraissait certain que mon père était initié aux mystères du pavillon; mais en quoi consistaient ces mystères? Ce qui se passait dans ces lieux était donc répréhensible, puisqu'on prenait tant de soin pour le dérober à tous les yeux ?... Répréhensible ! cela n'était pas possible, car M. de Romanci avait toujours passé pour l'homme du monde le plus bienfaisant. Peut-être que si j'avais parlé d'Augustine.... Mais la terrible menace de cette dernière était toujours présente à ma pensée. Cependant il fallait que tout cela s'éclaircît promptement : je mourais d'impatience, de désirs et d'amour. Ainsi, voilà qui est résolu ; je braverai l'autorité paternelle, toutes les puissances infernales ne pourront m'arrêter, et ce fameux mystère sera éclairci... Qui sait si Augustine n'est pas la victime de quelques scélérats ? Néanmoins il est prudent de ne lui en rien dire. Je la verrai demain, je tâcherai d'en obtenir quelques renseignemens; et, si Ambroise refusait une seconde fois de m'accompagner, je suis décidé à tenter encore l'aventure seul.

Le lendemain, avant l'aurore, je revis l'idole de mon cœur. Même tendresse, mêmes sermens d'amour; mais aussi, même réserve sur ce qui la regardait personnellement. — Je ne puis, me dit-elle, vous apprendre qui je suis, quels lieux j'habite, quels sont les auteurs de mes jours. Le temps approche peut-être où un voile épais sera déchiré : vous me connaîtrez alors, vous vous connaîtrez vous-même; et, si l'amour d'Augustine vous suffit, nous serons heureux. Comme elle achevait ces dernières paroles, le jour commençait à poindre. Elle me laissa cueillir un baiser sur ses lèvres de roses, se dégagea doucement de mes bras, et disparut avec la légèreté d'une nymphe.

Comme je retournais au château, l'esprit rempli de mon projet pour la nuit suivante, je rencontrai Ambroise. — Ecoute, mon vieil ami, si tu aimes Alphonse, c'est aujourd'hui qu'il faut le lui prouver. Je suis maintenant certain que quelques fourbes sont les seuls auteurs des choses presque extraordinaires qui se passent au pavillon, et la disparution d'Ernest en est une preuve évidente. Je veux forcer ces scélérats à me rendre mon cousin. Tu es brave, Ambroise : nous serons bien armés... Tu ne réponds pas ?... Ambroise, tu ne fus jamais sincèrement attaché à moi. — Je ne croyais pas qu'il vous fût possible de douter de mon dévouement ; je vous ai, il y a quelque temps, exposé les raisons que j'avais pour ne point approuver votre dessein ; mais vous le voulez, cette nuit je vous accompagnerai. Content de cette réponse, je tendis la main à ce vieux serviteur, et me retirai pour faire mes préparatifs. J'attendis la nuit avec la plus vive impatience. Elle vint enfin cette nuit affreuse ; et si mes malheurs et mes aventures intéressent le lecteur, il en trouvera le détail dans le chapitre suivant.

CHAPITRE III.

Exécution du Projet. — Description de la Cave infernale. — Ce qui s'y passe.

Minuit sonne, Ambroise est dans ma chambre; je lui donne un couteau de chasse, une paire de pistolets; j'en prends autant, et nous marchons. A notre approche, le pavillon parut en feu, comme la nuit de la disparution d'Ernest. Cela ne m'intimida pas; je m'avance le premier, Ambroise me suit. Plusieurs détonnations se font entendre; mais nous sommes debout, et la porte cède à nos efforts. Trois fantômes de feu s'avancent vers nous. Nous agitons nos sabres, mais nous ne touchons rien. Ces figures hideuses disparaissent; aussitôt des hurlemens épouvantables se font entendre, et la porte, qui était restée ouverte, se ferme avec violence. Au bout de quelques instans, trois espèces de Satyres, d'une taille démesurée, vomissant des flammes, nous apparurent à quelque distance, et nous firent signe d'avancer vers eux. Ils n'avaient pas besoin de nous inviter : car à peine les eus-je aperçus, que je marchai à leur rencontre : Ambroise, le fidèle Ambroise, me suivait de près. La lame au poing, je m'apprêtais à frapper; au même instant, les trois spectres firent mine de vouloir prendre la fuite : nous n'en étions pas éloigné de deux pas. Feu! m'écriai-je. En parlant ainsi, je tirai mes deux coups, Ambroise en fit autant... O surprise !... ces figures hideuses se retournent vers nous, et le feu qui sortait de leurs narines et de leurs bouches, nous force à rétrograder. J'avance de nouveau, je lève le bras... Une main invisible m'arrache mon arme. Ambroise veut me secourir, il est à son tour désarmé. Alors la terre s'entr'ouvre sous nos pas, et nous sommes doucement portés au fond d'un souterrain, où régnait la plus profonde obscurité.

Je n'étais pas encore tout-à-fait revenu de la frayeur que me causait cette aventure, lorsque les trois diables que nous avions poursuivis, parurent tout-à-coup, tenant chacun un flambeau dont la clarté ne servait qu'à rendre leur aspect encore plus effroyable. — Hommes ou diables! m'écriai-je, dites-moi où je suis, et ce que vous exigez de moi: je suis prêt à vous satisfaire; mais rendez la liberté à ce bon serviteur, que j'ai entraîné, presque malgré lui, dans l'abîme qui nous engloutit tous les deux. Pour toute réponse, l'un des trois frappa du pied, et aussitôt une porte s'ouvrit. Plusieurs hommes entrèrent; les uns apportaient une table, les autres des siéges, d'autres des registres, des livres, et toutes les choses nécessaires pour écrire. Je soupçonnai alors qu'on allait nous faire notre procès ; et je n'en pus bientôt plus douter, car l'un d'eux, élevant la voix, nous interrogea en ces termes : « Que veniez-vous faire en ces lieux ? — J'y venais chercher mon cousin. — Quelle opinion avez-vous de ceux au pouvoir desquels vous vous trouvez ? — Que ce sont des fourbes, qui recevront bientôt le châtiment qu'ils méritent. — Vous n'êtes donc pas disposé à partager leurs travaux ? — Jamais. » A peine eus-je prononcé ce dernier mot, que mes trois juges disparurent, laissant, dans notre cachot, un de leurs flambeaux. Quelques instans après, les hommes qui avaient apporté les siéges et la table, reparurent, remportèrent tout cet attirail; puis ils revinrent encore, portant une autre table chargée de différens mets, contenus dans des vaisseaux d'argent de la plus grande beauté. Ils placèrent cette table devant nous, et nous invitèrent à manger. Nous étions, Ambroise et moi, trop oppressés pour qu'il nous fût possible de faire honneur à ce repas. Mais quelques heures s'étant écoulées, des tiraillemens d'estomac nous avertirent qu'il était temps de prendre un peu de nourriture, et nous nous approchâmes de la table. Aussitôt une musique délicieuse se fit entendre, des parfums exquis brûlèrent près de nous, et une troupe de jeunes nymphes entra, et se disposa à nous servir. Notre étonnement croissait à chaque instant. Lorsque nous eûmes fini notre léger repas, la plus jolie des jeunes filles qui nous avaient servis, nous invita à passer dans l'appartement voisin. Aussitôt les deux battans d'une porte, que, jusque-là, l'obscurité nous avait empêché de voir, s'ouvrirent, et nous passâmes dans un salon magnifique. Un lustre suspendu au milieu, et une grande quantité de bougies distribuées avec art, l'éclairaient ; toutes sortes de rafraîchissemens étaient servis sur une table d'acajou massif; des sophas, des canapés, des chaises longues, étaient disposés de la manière la plus élégante, la plus voluptueuse. Nous étions seuls au milieu de dix jeunes filles, toutes plus séduisantes les unes que les autres, et dans les yeux desquelles on voyait briller le désir.... Tout enfin nous invitait au plaisir; et dans toute autre circonstance.... Mais le lieu où nous étions, notre incertitude sur le sort qui nous était réservé; et moi, le souvenir d'Augustine, que mon imprudence m'avait peut-être fait perdre sans retour, voilà bien des raisons pour être sage, et nous le fûmes.

CHAPITRE IV.

Alphonse retrouve Augustine. — Quels étaient les gens qui habitaient le souterrain. — Les Amans sont heureux.

Je m'entretenais, avec Ambroise, de toutes les choses extraordinaires dont nous étions témoins depuis à-peu-près vingt-quatre heures. Que devions-nous espérer des gens qui nous traitaient ainsi ? Nous bâtissions là-dessus des conjectures à perte de vue. Ces gens-là me connaissaient ils ? Non, sans doute, car, dans ce cas-là, ils n'eussent pas traité le valet avec autant d'égard que le maître. Mais quel était leur but ? Que voulaient-ils de nous ?... Que nous prissions part à leurs travaux, puisque l'un des trois grands diables m'en avait dit quelque chose. Et à quelle espèce de travaux pouvaient se livrer des gens qui craignaient le jour, qui employaient la fourberie pour ne pas être découverts, et qui ne trouvaient d'asile que dans les entrailles de la terre ? Ce ne pouvait être que des brigands... Des brigands !... et mon père avait des relations avec eux ! et il leur abandonnait une partie de son château !.... Non, non, cela est impossible ! M. de Romanci était bon père, bon époux ; il était sensible, bienfaisant ; c'était mon père enfin : il ne pouvait être l'associé d'une troupe de brigands.

Ces réflexions nous occupèrent long-temps, et nous ne fûmes tirés de nos profondes méditations, que par quelques-unes des jeunes filles, qui nous proposèrent de nous conduire dans les appartemens qu'on avait disposés, afin que nous prissions quelque repos. Nous entrâmes alors chacun dans une chambre qui communiquait avec le salon. Il m'eût été facile de retenir une ou plusieurs des jeunes nymphes qui me servaient : tout chez elles invitait au plaisir ; mais j'avais vu Augustine, mon cœur était plein de son image, et tout ce qui n'était pas elle ne pouvait m'émouvoir.

Je me jetai tout habillé sur un lit magnifique ; les jeunes filles éteignirent les bougies, allumèrent une lampe, dont la lueur vacillante n'éclairait que bien faiblement ce lieu destiné au repos, et elles se retirèrent.

Cependant le sommeil refusait de calmer mes chagrins, en appesantissant ma paupière pour quelques heures seulement ; mon esprit était dans une agitation continuelle ; une fièvre brûlante me dévorait : — Grand Dieu ! m'écriai-je, si je dois passer ma vie dans cet affreux séjour ; si je ne dois plus voir Augustine, la presser sur mon cœur, lui répéter que, jusqu'à mon dernier soupir, je ne cesserai de l'aimer, oh! reprends une vie qui ne m'est plus supportable : tous les supplices inventés par les hommes, ne peuvent être comparés à la perte d'une maîtresse qu'on adore.

Je parlais encore, lorsque, à la lueur de ma lampe, j'aperçus une figure angélique qui s'approchait de mon lit... Je n'en puis plus douter : c'est elle! c'est Augustine!... Aussitôt tous mes maux s'évanouirent : j'étais dans ses bras!

Après les premiers transports, je priai ma douce amie de m'expliquer sans détour tous les mystères dont j'avais été témoin, et de me dire au pouvoir de qui j'étais tombé. — Ah! mon cher Alphonse, me répondit-elle, vous êtes chez votre père ; mais votre malheur est grand : peut-être êtes-vous pour toujours enseveli dans cette ténébreuse retraite. — Si j'y puis passer ma vie entière près d'Augustine, je bénis le destin qui m'y conduisit ; mais, de grâce, expliquez-moi la conduite singulière que l'on tient ici à mon égard. Ces gens sont-ils des scélérats ? Mon père serait-il un chef de brigands ?.... Grand Dieu ! quelle affreuse perspective ! — Écoutez-moi, cher Alphonse : ces souterrains immenses servent de retraite aux principaux chefs d'une société secrète, qui a des affidés dans les conseils de tous les souverains, et dont les ramifications s'étendent jusqu'au bout du monde... Votre père est le chef suprême de cette société, le mien est son second; mais cela ne servirait à nous rapprocher, qu'autant que vous consentiriez à grossir le nombre des associés, ce qui, je vous l'avoue, vous ferait perdre mon estime, et par conséquent mon amour. Sous des dehors apparens de vertu, cette société n'est, tranchons le mot, qu'une bande de brigands. Les souverains, disent-ils, sont, dans tous les pays, au-dessus de la loi, elle ne peut les atteindre, c'est à nous de les punir de leurs crimes. Pour de légères injustices, les souverains sont punis d'une amende plus ou moins considérable; et, pour les forcer à payer, on attaque tout simplement, à main armée, les convois d'argent; on tue ceux qui font résistance, et on dépose l'argent dans la caisse de la société, qui n'est pas pauvre, comme vous avez pu en juger. La peine est toujours proportionnée au délit. Si l'amende n'est pas suffisante, les affidés, qui font partie du conseil du prince, le conduisent à sa perte; et, quelle que soit sa puissance, il faut qu'il tombe, si cela a été résolu. Le noyau, l'état-major de cette société, habite les vastes souterrains où nous sommes : c'est une espèce de nation, dont votre père est le chef suprême. Il a donné à ses gouvernés des lois et une constitution, qui, jusqu'alors, n'a pas été violée. Il est permis d'employer toutes sortes de ruses pour empêcher que cette retraite soit découverte; et tous ceux qui arriveront jusque dans l'intérieur, n'en devront plus sortir que lorsqu'ils se seront engagés, par les sermens les plus terribles, à faire partie de la société, et à la servir de tous leurs moyens. Les grades, les honneurs ne sont point héréditaires, on ne les acquiert qu'en se distinguant : de sorte que, bien que le fils de M. de Romanci, vous ne devez pas espérer être mieux traité que le doméstique qui vous accompagnait. Les trois spectres, qui vous ont peut-être effrayés, sont trois chefs subalternes, qui étaient, la nuit dernière, de garde au pavillon ; ils portent une cuirasse d'acier, des cuissars, des brassars de même métal, et leur visage est couvert d'un masque de cuivre, ce qui les rend, pour ainsi dire, invulnérables. Pour ce qui est des fantômes de feu, la fantasmagorie, le phosphore, et quelques pièces d'artifice en font tous les frais.

Vous serez bien traité pendant huit jours, rien ne sera épargné pour vous séduire; mais si, passé ce temps, vous ne consentez à vous ranger sous les drapeaux des *amis de l'humanité* (c'est le nom qu'ils se donnent), vous serez jeté dans un cachot, dont vous ne sortirez plus.

Elevée par une mère qui ne se faisait point illusion sur la profession de mon père, et qui ne partageait pas sa manière de voir, votre Augustine, mon cher Alphonse, aspire à l'heureux jour qui éclairera son départ de cette caverne. La perte de cette mère adorée me mit à deux doigts du tombeau ; ma convalescence fut longue, et ce fut alors que j'obtins, après toutefois m'être engagée, par des sermens épouvantables, à rentrer au soleil levant ; j'obtins, dis-je, de me promener dans le parc. Je vous vis, cher Alphonse : accoutumée à ne point feindre, je vous fis l'aveu que vous m'étiez cher... J'étois loin de m'attendre que votre mauvaise étoile vous conduirait en ces tristes lieux... — Mon étoile, Augustine ! puis-je m'en plaindre, lorsqu'elle me conduit près de vous ? Ce matin, ce séjour me semblait insupportable ; vous l'habitez avec moi, c'est maintenant un palais enchanté, où je voudrais passer ma vie près de vous. — Il vous faudra pourtant le quitter ; moi-même j'en chercherai les moyens : nous avons huit jours pour songer à cela.

Augustine avait parlé ; elle était près de moi, elle fut bientôt dans mes bras. Un long et délicieux silence succéda à cette narration.... Que nous étions heureux ! Hélas ! ce ne fut qu'un éclair.

CHAPITRE V.

Le Combat. — Conclusion.

CHAQUE nuit, nous confondions nos soupirs; cependant les huit jours étaient presque écoulés, et Augustine n'avait encore trouvé aucun moyen pour quitter ce repaire, car elle était décidée à me suivre : mais depuis que j'habitais le souterrain, tous les associés redoublaient d'activité pour dérober l'entrée de ce sombre séjour aux yeux de tous les mortels, et nous reconnûmes bientôt l'impossibilité de tromper leur vigilance. La nuit du huitième jour, nous tînmes conseil pour savoir ce qu'il était convenable de faire en pareille circonstance. Nous délibérions, lorsque les cris *aux armes!* se firent entendre. Augustine se dégage de mes bras, et disparaît; au bout d'un instant elle reparaît, le visage baigné de larmes, les cheveux épars : — « Alphonse ! s'écriat-elle, mon cher Alphonse ! voilà l'instant qui va décider de notre sort, la Justice a découvert la retraite des associés, le souterrain est cerné de toutes parts; mais votre père et le mien ont juré de se défendre jusqu'au dernier soupir du dernier habitant de ces vastes souterrains. Sans doute, vous allez être forcé de prendre parti pour les gens au pouvoir desquels vous êtes tombé. Il s'agit de défendre votre père, la nature vous dit assez ce que vous devez faire : Augustine ne vous abandonnera jamais, elle combattra à vos côtés, elle saura mourir ou vivre avec son Alphonse. » Elle parlait encore, lorsqu'un bruit confus de voix se fit entendre. On entra dans ma chambre, et je reconnus mon père au milieu de plusieurs hommes auxquels il commandait. — « Alphonse, s'écria-t-il, la vie de ton père est menacée, voilà des armes ! » A ces mots, je m'élance hors du lit, je me revêts à la hâte d'un habit qu'on me présente, je saisis les armes : peu m'importe la cause que je vais défendre, il y va de la vie, de l'honneur de mon père, de toute ma famille!... marchons.

Nous avions fait au plus vingt pas, et nous étions dans un large corridor éclairé par des torches nombreuses, lorsque Augustine vint se ranger à côté de moi; elle portait un casque, une paire de pistolets était à sa ceinture, et un sabre nu dans ses mains. A sa vue, un sentiment nouveau s'empara de tout mon être; les barbares allaient attenter aux jours d'Augustine, de cette femme adorable, de celle sans qui la vie m'eût été un fardeau. A ces pensées, je sentais la rage entrer dans mon cœur, mes dents se serraient, je levais le bras : il me semblait ne pouvoir assez tôt verser le sang humain. Bientôt nous entendîmes les cris des combattans; nous les joignîmes, et le carnage devint horrible : long-temps la victoire fut incertaine; mais enfin un coup de sabre étendit mon père à mes pieds, et dès-lors le désordre se mit dans la troupe. Augustine essaya à plusieurs reprises de rallier les fuyards; elle y était enfin parvenue, lorsqu'une balle vint frapper son beau sein... Augustine, ma chère Augustine tombe baignée dans son sang !.. O râge! ô désespoir! je m'élance sur ces bêtes féroces, j'ai reçu vingt blessures, mon sang rougit la terre; mais je ne sens rien, ils ont tué mon père et ma maîtresse, je suis insensible à tous les maux. Cependant l'excès de mon désespoir contribua à épuiser mes forces, je tombai sans connaissance, et ne repris mes sens que dans le cachot où l'on me conduisit, et d'où je ne dois plus sortir que pour monter sur l'échafaud. Demain, peut-être, j'aurai cessé de vivre; mais s'il est une autre vie, je reverrai Augustine..... Qu'entends-je?... on vient....

Le récit des aventures du jeune Alphonse de Romanci se terminait à cet endroit, tous les auditeurs en témoignèrent leur mécontentement; ils auraient voulu savoir ce qu'était devenu ce jeune héros, et si la Parque inexorable avait tranché ses jours sur l'échafaud, ou s'il avait échappé à la vengeance des hommes. Chacun formant là-dessus mille conjectures, dont quelques-unes étaient extravagantes, M. le marquis de Saint-Alban promit de faire toutes les recherches nécessaires pour savoir la suite de cette histoire; en conséquence, il compulsa toutes les vieilles chroniques, et, comme c'était un homme d'une profonde érudition, il parvint à découvrir la suite des aventures du jeune de Romanci. Au bout de quelques jours, il en fit part à la société à laquelle il avait lu le manuscrit. Voici la fin de ces aventures, telles qu'il la rapporta : nous nous ferions scrupule d'en changer les moindres circonstances, et nous espérons que le public nous en saura quelque gré.

Alphonse de Romanci achevait la triste relation de ses aventures, lorsqu'il entendit quelque bruit, comme on peut facilement en juger par la phrase qui termine son manuscrit : La porte de son cachot tourne sur ses gonds rouillés, il écoute, on entre; il regarde..... Ciel! c'est elle! c'est son Augustine! Il n'en peut croire ses yeux, et ne croit son bonheur certain que lorsqu'il la serre dans ses bras; mais c'est en vain qu'il l'accable de questions multipliées, elle ne veut pas répondre, et se contente d'inviter son amant à la suivre. Alphonse, comme on peut le croire, ne balança pas un instant; toutes les portes s'ouvrirent à la voix d'Augustine, et lorsqu'ils furent convenablement éloignés du château-fort, lorsqu'ils eurent perdu de vue les tourelles gothiques dont il était flanqué, la courageuse amante d'Alphonse parla en ces termes : Vous vous rappelez, sans doute, l'instant terrible qui précéda celui de notre séparation : votre père et le mien étaient morts ; Ambroise, ce fidèle serviteur qui avait consenti à vous accompagner, et votre cousin Ernest, qu'on avait forcé à prendre parti pour les associés, avaient mordu la poussière ; moi-même, frappée d'une balle, un peu au-dessous de l'épaule gauche, je tombai sans connaissance. Cependant, la blessure n'étant pas profonde, je ne tardai pas à reprendre mes sens et je reconnus que j'étais seule vivante dans les souterrains ; car les soldats du gouvernement, ayant fait tous les nôtres prisonniers, étaient partis les conduire en lieu de sûreté ; je profitai de ce moment pour me rendre dans la chambre du trésor; je m'emparai d'autant d'or et de pierreries qu'il me fut possible d'en emporter, et je quittai à la hâte cet affreux repaire, après toutefois m'être assurée que mon cher Alphonse n'était pas au nombre des morts. L'argent est un puissant levier: avec son aide, je parvins à découvrir le lieu où vous étiez enfermé : le geôlier ne fut pas long-temps sourd à mes prières: l'argent le rendit sensible, je le gagnai, et mon cher Alphonse est libre.

Les amans convinrent alors de quitter la France, et passèrent en Italie, où ils furent bientôt unis par des liens indissolubles, et où ils vécurent long-temps heureux.

Tous les auditeurs furent satisfaits de la fin des aventures des deux amans; M. de Saint-Alban continua à faire disparaître de son château tout ce qui en rappelait l'ancien usage, et ce monument est maintenant une des plus belles maisons de plaisance de la France.

Au nombre des personnes qui avaient écouté avec intérêt la lecture du petit manuscrit, était un vieux chevalier qui avait blanchi dans les camps. — Marquis, dit-il à monsieur de Saint-Alban, je vous assure que j'ai pris un grand plaisir à écouter la lecture de cette histoire; elle me rappelle certaine particularité de ma jeunesse, que je rapporterai, si la société veut bien le permettre. Chacun assura que le chevalier ne pouvait rien proposer qui lui fût plus agréable; et le vieux militaire, après s'être recommandé à l'indulgence des auditeurs, commença ainsi :

Dès l'âge de quatorze ans, j'étais très-fort sur les armes; à quinze ans, ma réputation dans cet art commença à s'étendre; mon troisième lustre était à peine surpassé d'une année, lorsque mon père m'acheta une sous-lieutenance; et, quelque temps après, je rejoignis mon régiment : ma réputation m'y avait précédé. Le fils du comte de Blainval, qui commandait la compagnie dont je faisais partie, et qui, lui-même, s'était acquis quelque réputation dans les armes, ne put voir, sans que son amour-propre en fût froissé, que sa force était loin d'égaler la mienne; il en conçut tant de jalousie que ma vue seule lui donnait de l'humeur, et qu'il ne laissait échapper aucune occasion de me faire sentir sa supériorité. Comme je supportais assez patiemment les traitemens peu convenables et les propos quelquefois assez grossiers du capitaine, il se persuada que la crainte était pour quelque chose dans ma conduite, et, sans se faire illusion sur mon adresse, dont plusieurs fois je lui avais donné des preuves à la salle d'armes, il crut que, n'ayant jamais vu le fer ennemi dirigé sur ma poitrine, mes moyens seraient beaucoup plus faibles sur le pré que dans la salle, et la haine qu'il me portait l'aveuglant et le poussant pour ainsi dire à sa perte, il me proposa un combat singulier. J'en fus plus affligé que surpris; j'avais pénétré dans la pensée du capitaine. J'aurais voulu pouvoir éviter le malheur que je pressentais; mais je ne pouvais, sans me déshonorer, refuser satistion au jeune de Blainval, qui appuyait la demande qu'il en faisait de quelques prétextes frivoles. Il était écrit que ce serait le sang français que mon épée verserait la première fois; je ne pouvais échapper à ma destinée, et le lendemain matin, accompagné de deux témoins, je me rendis au lieu indiqué. J'étais trop accoutumé au maniement des armes pour que la vue d'une épée m'intimidât, comme l'avait espéré le capitaine. Je me tins quelques instans sur la défensive, et me contentai de parer tous les coups que me portait mon adversaire; mais bientôt il me chargea avec tant de fureur, que, ne pouvant espérer de le fatiguer, je le pressai à mon tour très-vivement, et l'étendis à mes pieds.

Je ne pourrais vous exprimer tout ce que je ressentis dans ce moment terrible : mon sang se glaça, mon épée me faisait horreur, et je la jetai loin de moi. On s'empressa de transporter le capitaine chez lui, où tous les secours lui furent administrés: hélas! ils étaient inutiles, le malheureux était blessé mortellement!

Obligé de quitter le régiment, je retournai chez mon père; mais la famille Blainval, qui était très-puissante, me fit poursuivre rigoureusement. Mon père n'avait pour fortune qu'un nom qu'il avait illustré par ses vertus: et c'était un trop faible bouclier pour résister aux coups de la famille du malheureux capitaine. Il fut décidé que je quitterais la France, jusqu'à ce que cette affaire fût entièrement assoupie. Je choisis l'Espagne pour le lieu de mon exil volontaire; et bientôt je partis pour Madrid, muni d'une assez forte somme, et de plusieurs lettres de recommandation, que mon père adressait à quelques seigneurs qu'il avait connus dans ses voyages, et avec lesquels il n'avait pas cessé d'entretenir un commerce de lettres.

Mon voyage fut très-heureux ; j'arrivai en peu de temps dans la capitale de l'Espagne, et je visitai les seigneurs pour lesquels j'avais des lettres. Au nombre de ces dernières, en était une adressée au duc de Montero. Mon père m'avait bien des fois vanté l'amabilité de ce seigneur ; mais je ne le trouvai point à Madrid, et j'appris qu'il habitait un château à plusieurs lieues de la capitale. Je résolus alors de me rendre à cette terre, car je ne croyais pouvoir trop tôt rencontrer l'homme dont j'avais entendu dire tant de bien ; et, un matin, je me dirigeai vers la province qu'habitait le duc. Je montais un excellent cheval : quelques heures me suffirent pour faire le trajet. Ce château était un monument gothique, flanqué de tours, défendu par un large fossé, sur lequel était un pont-levis. C'était plutôt une forteresse qu'une maison de plaisance; et, à mesure que j'en approchais, j'étais plus étonné qu'un homme aussi riche, et d'un caractère aussi aimable qu'on m'avait dit être celui du duc, préférât habiter cette sombre demeure, plutôt qu'une des charmantes habitations que j'avais remarquées dans les environs de Madrid. Néanmoins, je continuai à me diriger vers le château, et plus j'en approchais, plus ma curiosité augmentait. Arrivé au petit village dont le duc était seigneur, je remarquai avec plaisir que tous les habitans paraissaient être dans l'aisance ; leurs maisons étaient commodes, leurs vêtemens propres, et un air de satisfaction brillait sur leur visage. Ces braves gens sont heureux ! me dis-je : le duc est donc humain, bienfaisant ? mais d'où vient cette étrange manie de s'enterrer ainsi dans une forteresse ? Je me trompe fort, ou M. de Montero est un franc original. Enfin, j'arrivai devant le château. Le pont était levé, et un homme, armé de pied en cap, parut sur la tourelle, et me demanda ce que je voulais ? — Je suis étranger, lui répondis-je, et je désire parler au duc de Montero. Là dessus le soldat, après m'avoir invité à attendre son retour, disparut. Ma surprise augmentait à chaque instant, et ma curiosité croissait avec elle. Cependant la sentinelle reparut bientôt sur la muraille ; elle m'annonça que le duc consentait à me recevoir, et aussitôt le pont fut baissé. En entrant dans les cours, mes yeux furent frappés de l'appareil de guerre dont elles étaient remplies. Environ cent cinquante soldats, richement équipés, étaient sous les armes ; dix pièces de canon, bien montées, étaient en batteries, et les canonniers, destinés à les servir, se tenaient derrière, le boute-feu allumé : en un mot, il semblait que le château s'attendît à soutenir un siége. Mes yeux me suffisaient à peine pour voir tant de choses qui me paraissaient extraordinaires, et qui l'étaient en effet. Enfin, je fus introduit dans les appartemens et présenté au duc. Son visage était riant, ses manières affables, et ses paroles fort douces. Après avoir pris connaissance de la lettre de mon père, il m'assura que ce dernier ne pouvait lui causer un plus grand plaisir qu'en lui envoyant son fils. Il ajouta que, jusqu'à ce que mes affaires fussent terminées, il ne souffrirait pas que j'habitasse une autre maison que la sienne, et mille autres choses obligeantes, qui achevèrent de me persuader que j'avais affaire à l'homme le plus aimable de toute l'Espagne.

Cependant tout cela ne faisait qu'exciter encore ma curiosité ; et l'espoir de la satisfaire, fit que je n'hésitai pas pour accepter l'hospitalité que m'offrait le duc. Il en parut charmé ; et après les complimens d'usage, un valet étant venu annoncer que le dîner était servi, M. de Montero m'invita à passer dans la salle à manger. Plusieurs officiers que j'avais remarqués parmi la garnison du château, prirent place à la table. Le duc me fit asseoir à côté de lui, et bientôt la conversation s'anima ; mais on ne dit pas un mot qui pût satisfaire mon impatiente curiosité.

Le repas fut des plus gais : c'était un feu roulant de saillies qui provoquaient le rire, et ce feu était entretenu par d'excellent vin, dont la table du duc était abondamment pourvue. La nuit commençait à étendre ses voiles, et tous les convives sablaient encore l'excellent nectar. Mais enfin, l'amphytrion se leva, et me dit que des affaires importantes ne lui permettaient pas de rester plus long-temps près de moi. En même-temps il ordonna qu'on me conduisît à un appartement qu'il désigna, et il sortit suivi de ses officiers.

L'appartement dans lequel je fus conduit était situé au premier étage, et les croisées donnaient sur la cour où j'avais remarqué l'artillerie. Cette circonstance me fit plaisir : j'espérai être plus à portée de découvrir à quoi était destiné cet appareil guerrier. J'étais jeune, j'aimais les aventures, et la position où je me trouvais m'en promettait d'assez extraordinaires.

La chaleur, la fatigue et le bon vin du duc, provoquèrent un profond sommeil, qui ne tarda pas à appesantir mes paupières. Cependant, vers le milieu de la nuit, je m'éveillai ; et, me rappelant tout ce que j'avais vu dans la journée, je me levai, et vins me placer à l'une des croisées de ma chambre, dans l'espérance d'éclaircir le mystère qui, depuis plusieurs heures, m'occupait si fort. J'étais depuis quelques instans dans cette position ; le temps était superbe ; les étoiles brillaient de tout leur éclat ; un vent frais rafraîchissait l'atmosphère embrâsée par la chaleur de la journée, et le plus profond silence régnait partout. L'horloge du château avait sonné minuit, et je me disposais à quitter mon poste, lorsqu'un léger bruit se fit entendre. Aussitôt mon attention redoubla ; j'entendis donner l'ordre de baisser le pont, et quelques instans après, je distinguai un détachement de soldats qui entrait au château. L'officier qui le commandait fit faire halte ; quelques soldats déposèrent des fardeaux dont ils étaient chargés, et qui paraissaient assez lourds, et au même instant le duc de Montero parut :

— Eh bien ! don Alvare, dit-il à l'officier de la petite troupe, comment cela s'est-il passé ? — Assez bien, mon général, répondit l'autre. Ce vieil entêté de comte a d'abord fait le difficile : ses vassaux, disait-il, étaient les plus heureux de la province ; il leur faisait grâce d'une foule de droits, et notamment de celui qu'on appelle *droit du seigneur*. Je le crois bien, lui ai-je répondu ; vos vassaux sont tellement accablés des charges que leur impose votre insatiable avarice, que l'espèce dégénère, et que les jeunes femmes, obligées de travailler comme des bêtes de sommes, sont toutes laides : et puis, à votre âge, il vous serait assez difficile de lever cet impôt. Mais je vous préviens que toutes les observations que vous pourriez faire seraient inutiles. Vous affranchirez vos vassaux de la corvée, du droit de péage, et vous allez en outre me remettre un quadruple pour chacun d'eux, y compris les femmes et les enfans, attendu que la plupart manquent du nécessaire. Là-dessus, continua l'officier, j'ai fait entrer ma troupe dans l'appartement du comte; et dès qu'il vit que j'étais bien disposé à exécuter les menaces que je lui avait faites d'abord, il s'exécuta d'assez mauvaise grâce, et me compta les espèces. Il voulut en même temps me tromper de quelques têtes; mais je savais au juste le nombre des malheureux paysans qui gémissent sous sa domination : je ne lui fis pas grâce d'un nouveau-né.

— Fort bien! don Alvare, répondit le duc. Alors il lui parla à voix basse, et quelques minutes après, le général, l'officier et la petite troupe entrèrent dans le château.

Tout cela me parut fort extraordinaire, et loin de satisfaire ma curiosité, ne fit que l'augmenter encore. Je faisais, sur ce que j'avais vu et entendu, des conjectures à perte de vue. Je pensai d'abord que le duc était un chef de brigands; mais je ne tardai pas à rejeter cette idée. Monsieur de Montero possédait une fortune immense; et certes, la profession de voleur n'avait rien qui pût flatter un homme de condition. J'employai tout le reste de la nuit à réfléchir sur ce que je devais penser de mon hôte; et le résultat de ces réflexions fut que je résolus de m'adresser au duc lui-même, pour éclaircir mes doutes.

Le matin, monsieur de Montero me fit dire qu'il m'attendait pour prendre le chocolat; je me rendis aussitôt chez lui. Il était seul, je jugeai le moment favorable, et je me promis bien de m'expliquer clairement après le déjeûner ; mais le duc me prévint : — Chevalier, me dit-il en souriant, je suis sûr que que tout ce qui vous entoure excite vivement votre curiosité ; je suis même persuadé que vous êtes disposé à me juger très-peu favorablement ; avouez que tout cet appareil de guerre qu'on voit dans mon château... — M'a beaucoup surpris, interrompis-je vivement ; mais je n'ai jamais pensé autre chose, sinon que l'ami de mon père ne peut être qu'un homme de bien. — J'ose me flatter de mériter ce titre, reprit le duc ; mais les apparences sont souvent très-fausses, et bien des gens, à votre place, m'eussent pris plutôt pour un chef de brigands, que pour un honnête homme.—Je conviens que ces gens armés que vous faites marcher la nuit... — Qui vous a dit?... —Personne; je l'ai vu. Alors je dis au duc tout ce que j'avais entendu pendant la nuit, et j'ajoutai que je me disposais à lui faire part de la surprise que tout cela m'avait causée, lorsque lui-même avait pris l'initiative.

« Jeune homme, me dit le noble espagnol; je suis l'ami de l'humanité, et votre nom, votre franchise vous rendent digne de ma confiance ; écoutez: Je suis noble, et pourtant je gémis de voir les hommes asservis par d'autres hommes ; je me suis fait le redresseur des torts de tous les êtres privilégiés : je punis chacun d'eux des mauvaises actions qu'il commet, et le souverain lui-même est justiciable du tribunal que j'ai établi. Mes vassaux sont heureux, mais cela ne suffit pas; j'ai juré d'améliorer le sort de tous les malheureux paysans de l'Espagne. Ma fortune, bien qu'étant considérable, ne pouvait cependant me donner à elle seule les moyens d'exécuter un projet, j'ose le dire, aussi-grand que louable; d'ailleurs il entrait dans mon plan de punir ceux qui traiteraient mal leurs subordonnés, et, pour cela, il fallait avoir recours à la force. J'ai donc réuni autour de moi de braves gens dont le préjugé ne trouble point la raison, et sur l'honneur et le courage desquels je peux compter. Lorsque j'apprends qu'un seigneur en use mal avec ses vassaux, moi ou quelques-uns de mes officiers nous nous transportons chez lui, en nous faisant accompagner d'autant de braves que nous croyons en avoir besoin, afin que leur présence seule en impose assez pour ne pas être obligés d'avoir recours aux voies de rigueur; et les contributions que nous levons sont exactement réparties entre les vassaux dont nous prenons la défense. Cependant la crainte, même assez fondée, que le gouvernement ne voulût se mêler de ces affaires, m'engage à m'enfermer dans ce château, que je crois susceptible de soutenir un long siége. Maintenant, mon cher chevalier, vous savez tous mes secrets, et je ne crois pas vous offenser en vous proposant de faire, pendant votre séjour en Espagne, partie de la société dont j'ai l'honneur d'être chef. »

Ce discours me surprit étrangement, continua le chevalier. Je vous ait dit que j'aimais les aventures ; le duc me proposait d'en courir d'un genre tout-à-fait neuf; j'acceptai, et le même jour je fus reconnu par toute la garnison. Il y eut à cette occasion une très-belle fête au château, et il était fort tard lorsque chacun se retira pour prendre quelque repos.

A peine le sommeil avait-il engourdi mes sens, qu'un bruit confus et des cris de guerre vinrent frapper mon oreille : je me lève à la hâte ; le bruit redouble, le canon tonne ; je n'en puis plus douter, le château est attaqué. A demi-habillé, je saisis mon épée et je vole sur le champ de bataille ; le duc y était déjà. On ne distinguait les ennemis qu'à la lueur des coups de feu ; cependant on pouvait, à en juger par la vigueur de l'attaque, présumer qu'ils étaient nombreux. Bientôt ils donnèrent l'assaut, et, malgré la valeur de de notre petite troupe, la place fut emportée. Alors le carnage devint horrible ; on se battait dans les cours avec un acharnement qu'il est impossible de décrire ; mais il fallut enfin céder à la force ; presque tous nos gens avaient mordu la poussière, lorsque le duc de Montero et moi, qui combattais à ses côtés, fûmes entourés par l'ennemi et faits prisonniers. La chaleur de l'action m'empêchait de réfléchir sur le sort qui semblait m'être réservé, et de sentir tout le poids de mon malheur ; mais lorsqu'on se disposa à nous conduire dans les prisons de Madrid, je vis avec effroi que l'échafaud m'attendait. Cette idée ranima tout mon courage ; je résolus de mourir plutôt que de me laisser conduire ; et saisissant un sabre qui se trouvait à mes pieds, j'essayai de me faire jour au travers des rangs : le duc, charmé de ma résolution, m'imita ; l'obscurité nous servit, et nous parvînmes à nous échapper.

J'avais quelqu'argent sur moi, M. de Montero avait quelques bijoux ; nous nous dirigeâmes vers la France, et nous eûmes le bonheur d'y arriver. Mon père, était parvenu à apaiser la famille du capitaine qui était tombé sous mes coups; il nous reçut avec autant de de plaisir que de surprise. Nous lui racontâmes ce qui s'était passé, et il fut décidé que le duc vivrait avec nous; mais sa santé s'affaiblissait de jour en jour, et il mourut au bout de quelques mois. »

Toute la société témoigna au chevalier, qu'elle avait écouté son anecdote avec intérêt; on convint que la société du duc faisait probablement partie de celle dont il était question dans le petit manuscrit que M. de Saint-Alban avait trouvé; car on n'a pas oublié qu'Augustine disait à son amant que la société dont son père était le chef avait des affidés sur tous les points du globe Ces anecdotes furent long-temps le sujet de la conversation des habitans du château. Chacun, selon son opinion, blâma ou loua les redresseurs de torts. De son côté, M. de Saint-Alban continua à faire disparaître de sa propriété tout ce qui rappelait ces temps de barbarie, qu'on devrait chercher à faire oublier, pour l'honneur de l'humanité, et ses nombreux bienfaits lui acquirent l'amour de ses subordonnés, l'amitié de tous ceux qui l'approchaient, et l'estime de tous les honnêtes gens.

Tout cela ne prouve-t-il pas clairement que, dans tous les temps, même dans les siècles de barbarie, dont on rappelle le souvenir avec horreur; que, dans tous les temps, dis-je, la philosophie, cette fille de la raison, eut des disciples, et que ceux-ci, plus ou moins éclairés, consacrèrent leur vie à maintenir, autant qu'il leur était possible, l'égalité parmi les citoyens, et à pénétrer chaque individu de sa dignité d'homme ? Le siècle marche, il faut marcher avec lui, suivre sans crainte la route qu'il trace, et qu'il éclaire du flambeau de la raison, ou se résoudre à être écrasé sous les roues de son char, brillant des lumières de la vérité. Un homme n'est et ne peut être qu'un homme, quels que soient d'ailleurs ses titres et ses aïeux. Cette vérité, sortie pour ainsi dire de l'abîme des révolutions, cette vérité dont presque tous les habivans du globe sont aujourd'hui pénétrés, ce serait en vain qu'on tenterait de l'étouffer : elle est immortelle, comme l'essence divine d'où elle émane.

Ce n'est pas que je prétende me faire l'apologiste de ces énergumènes, dont le véritable élément est la guerre civile : Dieu me garde de partager les opinions monstrueuses et sanguinaires de ces hommes enfantés par le génie du mal! mais c'est à la saine raison, c'est à cette douce et pénétrante philosophie que j'en appelle.

Avec un jugement plus sain, le père du jeune homme dont on vient de lire les mémoires, et le duc de Montero eussent été de grands hommes. La philosophie cherche à convaincre par un raisonnement solide, et, comme l'a dit un orateur célèbre : *La persuasion ne gît point au bout des baïonnettes.* C'est comme le marquis de Saint-Alban qu'il faut être l'ami de l'humanité; c'est en réparant, autant que possible, les fautes de nos pères, que nous ferons des progrès dans la civilisation, et que nous mériterons de passer à la postérité la plus reculée.

Quant à nous, obscurs auteurs

de ces très-minces histoires, que nous donnons au public pour ce qu'elles valent, nous ne pouvons que faire des vœux pour le succès d'une cause qui a pour elle la raison et le bon droit, et nous nous trouverions trop heureux si d'aussi chétives productions pouvaient faire revenir certaines gens des vieilles erreurs dont ils sont imbus, et contribuer ainsi au grand œuvre de la régénération. C'est la seule récompense dont nous soyons jaloux; et dussent le jeune Alphonse de Romanci et le marquis de Saint-Alban en revendiquer une partie, la faible portion qui nous en resterait suffirait encore pour satisfaire notre louable ambition..... Mais, nous le sentons trop, un vain espoir nous abuse ; cette mince brochure, bientôt tombée dans la nuit de l'oubli, ira grossir le nombre des ouvrages destinés à être métamorphosés en cornets... Que nous reste-t-il alors? Notre conscience et le désir de faire le bien.

Maintenant, Public, souvent peu indulgent; censeurs rigoureux de tous les âges, de tous les sexes, de toutes les professions, de toutes les qualités; savans, ignorans, pédans, beaux-esprits, petits-maîtres, vieilles prudes et jolies coquettes, vous êtes tous nos juges: prononcez.

Prenez garde cependant de blesser trop grièvement notre amour-propre; c'est quelque chose que l'amour-propre d'un auteur. Le plaisir de la vengeance peut enflammer sa verve, et alors, gare les épigrammes! les satyres! Rappelez-vous que Piron, dans un moment de dépit, jura de rimer chaque jour une épigramme contre l'abbé

Desfontaines : il tint parole, et le jour même de la mort de cet abbé, l'épigramme quotidienne fut encore faite : la tombe seule parvint à soustraire le malheureux abbé à la fureur du poëte. Je ne suis pas un Piron ; mais tous mes antagonistes ne seront pas autant d'abbés Desfontaines. Je veux, à ce sujet, vous rapporter une anecdote, qui pourra donner aux critiques et à tous ceux qui se moquent des auteurs, une idée du danger qu'ils courent. Dorval, jeune homme de mes amis, tourmenté, comme tant d'autres, du désir d'aller à la postérité, se mit en tête de faire une tragédie. Après deux années d'un travail opiniâtre ; après avoir, suivant le précepte du législateur de la poésie française, remis vingt fois son ouvrage sur le métier, Dorval crut enfin que le grand jour serait favorable à ce chef-d'œuvre, et il se présenta hardiment chez le directeur du grand théâtre (1). C'est un personnage important, qu'un directeur; c'est un petit ministre qui a ses jours d'audience, et qu'on n'aborde pas aussi facilement que pourraient se l'imaginer bien des gens. On dirait presque que ces fiers mortels se font illusion complète, et qu'ils oublient que les dieux, les rois et les princesses qu'ils gouvernent, ne sont autre chose que des dieux, des rois et des princesses de comédie, qui, en quittant leurs tréteaux, rentrent tout uniment dans la classe plébéienne. Quoi qu'il en soit, mon ami trouva l'antichambre de *monseigneur le directeur* remplie de sollicitans des deux sexes. C'é-

―――――――――

(1) La scène, comme on voit, se passe en province, et dans l'une de nos grandes villes.

tait un jouvenceau de quarante-cinq ans, qui demandait à doubler les jeunes premiers; l'ingénue, dont le corset ne pouvait plus contenir la taille rondelette, venait demander un congé; l'amour venait inviter son directeur à ses noces, et un histrion imberbe demandait à faire les pères nobles. Tous ces gens s'empressèrent auprès de mon ami, dont l'habit neuf n'annonçait pas la profession; mais dès qu'on sut que c'était un auteur, et un auteur de tragédies surtout, on lui tourna le dos.

L'orgueil de ces pauvres diables fit sourire Dorval. Enfin, on vint avertir que M. le directeur était visible; et la foule de se précipiter dans l'appartement. Mon ami attendit avec patience le moment d'annoncer le motif de sa visite; enfin, la foule des solliciteurs s'écoula à demi-satisfaite; et Dorval, s'approchant respectueusement du *grand maître*, lui exposa ses raisons, et présenta sa pièce. — Ah! ah! c'est une nouvelle production.... eh bien, nous verrons cela.... pour le moment nous avons beaucoup de......; mais cependant, laissez-moi votre manuscrit, je verrai......... je vous conseillerai, nous ferons quelques corrections...... enfin, revenez dans quinze jours.

Quinze jours! c'est un siècle quand il s'agit de savoir si l'on ira ou non à la postérité. Cependant Dorval se résigna; il compta les jours, les heures, les minutes; et la quinzaine expirée, il se présenta chez son juge. — Monsieur, puis-je savoir qui vous amène? — Monsieur, c'est moi qui vous présentai, il y a quinze jours..... — Ah! ah! je me rappelle.... Ma foi, mon cher, à vous parler franc, je ne puis me charger de votre pièce. — Pourrais-je savoir les raisons qui..... — Les raisons....... il y en a beaucoup........ d'abord une intrigue faible, très-faible, un dénouement prévu, un comique bas, souvent trivial; enfin, Monsieur...... — Que diable me parlez-vous de comique? il s'agit d'une tragédie! — D'une tragédie! eh! bon Dieu, que ne m'avez-vous dit cela tout d'abord?..... Des tragédies! le public en est las.... et tenez, mon cher, voilà votre manuscrit.

Il me serait assez difficile de vous décrire la fureur qui s'empara de Dorval; peu s'en fallut qu'il ne jetât le directeur par les croisées, et il se retira en jurant de se venger. Aussitôt il mit la main à l'œuvre. Tous les auteurs dont l'amour-propre avait été froissé (et le nombre en était grand) se réunirent à lui, et bientôt on vit pleuvoir un déluge de chansons, d'épigrammes, de brochures, de vaudevilles sur le pauvre directeur; il fut joué, chansonné, bafoué, hué; et, dans un accès de colère, que lui causait la lecture d'un nouveau pamphlet, dont il était le héros, la goutte lui remonta dans l'estomac et l'étouffa.

Maintenant, chers lecteurs, vous voilà, je crois, suffisamment instruits des dangers qu'on court en s'attaquant à nous; critiquez mon ouvrage, déchirez à belles dents cette modeste production; mais, je vous préviens, gare la goutte et les auteurs !!!.....

FIN DES TROIS DIABLES.

LE DONJON

de la

TOUR DU NORD.

CHAPITRE PREMIER,

Qu'on prendra, si l'on veut, pour une Préface.

L'amour est le principe de tout. Que cette proposition paraisse absurde à certaines gens, je ne le soutiendrai pas moins. L'amour crée et détruit ; il fait le bien et le mal ; il donne la vie et la mort. L'amour est tout, il n'est rien : c'est un esprit indéfinissable ; mais c'est le principe de tout : je ne sors pas de là ; et, si le monde pouvait subsister sans l'amour, le néant serait mille fois préférable à la vie. Après cela, très-doctes métaphysiciens, soutenez ou combattez ma proposition, elle n'en existera pas moins : elle est le fruit de l'expérience, et j'ai toujours tenu pour certain que, dans tous les cas, la pratique valait beaucoup mieux que la théorie. Que d'argumens n'ai-je pas en faveur de ce que j'avance ! L'amour fait la paix et la guerre ; il donne du courage à l'homme le plus pusillanime, et il fait un Céladon du guerrier le plus intrépide.... On vit Hercule filer aux genoux d'Omphale. L'amour est utile à tant de choses et à tant de gens !.... Par exemple, sans l'amour, que ferait un romancier ? Que serait un roman dans lequel on ne trouverait pas un soupir, pas un petit mot de tendresse ? Je le demande à nos dames, qui, seules, font la fortune des romanciers.

Quelques lecteurs diront que j'ai raison ; d'autres que j'ai tort : mais personne ne pourra, sans injustice, m'accuser d'ingratitude.

C'est donc encore l'amour qui fera les frais de ce petit ouvrage, charmantes lectrices ! et c'est en son nom que je réclame votre indulgence. Puissent les amours d'Auguste et d'Ernestine vous intéresser un instant ! C'est le vœu du libraire, et c'est aussi celui de l'auteur, qui, sans plus *long* préambule, entre en matière de la manière que vous verrez dans le chapitre suivant.

CHAPITRE II.

Auguste et Ernestine.

Le comte de Beaupré avait une fille charmante : aux grâces, à la beauté, Ernestine joignait toutes les qualités du cœur et de l'esprit; mais, malheureusement, sa nourrice, et par suite, sa gouvernante, lui avaient farci la mémoire de mille contes de revenans, de fantômes, de démons, etc., qu'elles avaient soin d'assurer être les plus grandes vérités du monde. Malgré l'excellente éducation qu'elle avait reçue, et les bons livres qu'elle avait lus, Ernestine se ressentait toujours des premières impressions que lui avaient faites les contes des deux bonnes femmes ; de sorte qu'avec beaucoup d'esprit, mademoiselle de Beaupré ne laissait pas que d'être fort superstitieuse. Le troisième lustre de cette belle enfant venait de finir ; un essaim de jeunes papillons voltigeaient autour de ce joli bouton de rose ; mais le dieu malin n'avait pas encore soumis ce jeune cœur à ses lois. Ernestine ne concevait pas, ne se doutait même pas qu'on pût aimer, chérir un être plus tendrement qu'elle ne chérissait son père..... Age heureux ! simple innocence ! hélas ! que ne duriez-vous toujours!. Mais, que dis-je ! le bonheur ne vient que lorsque cette précieuse innocence s'évanouit.

L'amour ne tarda pas à faire sentir sa puissance, et ce fut par les yeux du jeune d'Alvincourt qu'il fit lancer ses premiers traits. D'Alvincourt avait vingt-trois ans, un grand œil plein d'expression, des traits réguliers et une taille au-dessus de la moyenne. Son père, magistrat célèbre, lui avait donné une éducation brillante; il faisait maintenant son cours de droit à la faculté de Paris, et venait passer le temps des vacances chez le comte de Beaupré, frère de sa mère. Jusqu'alors, Auguste) c'est le nom que nous lui donnerons), Auguste n'avait pas réellement aimé, car on ne peut, sans blasphêmer, donner le nom d'amour à quelques caprices d'un moment; mais, à la vue de sa cousine, il sentit qu'il avait un cœur, et que l'image d'Ernestine y resterait à jamais gravée. Un jour qu'ils se promenaient tous deux dans les jardins du château, Auguste proposa à sa cousine de se reposer sur un banc de gazon : son cœur ne pouvait plus contenir le feu qui l'embrâsait, il fallait que l'incendie éclatât. Ils s'assirent. La main d'Ernestine était dans celle de son cousin ; celui-ci la pressait doucement, et le rouge de la pudeur, qui vint couvrir le charmant visage d'Ernestine, annonça la présence du dieu dont tout mortel doit reconnaître la puissance. En effet, les regards d'Auguste faisaient, depuis quelques jours, battre le cœur d'Ernestine ; déjà même elle commençait à reconnaître la distance qui sépare l'amour de l'amitié.

Je crois avoir écrit quelque part que lorsque ce sentiment délicieux s'est emparé du cœur d'une fillette, il devient l'unique occupation, la seule étude de cette dernière, et c'est précisément ce qui arrivait à mademoiselle de Beaupré. Elle avait étudié chaque jour, et même chaque nuit, depuis qu'Auguste habitait le château ; elle avait, dis-je, étudié le nouveau sentiment que d'Alvincourt avait fait naître en elle, et elle ne tarda pas à se persuader que, loin de son cousin, il ne pouvait y avoir de bonheur pour elle, Ernestine avait beaucoup lu. Quelques romans, peut-être ?..... Où n'en lit-on pas ? Elle savait donc que si

Auguste l'aimait, il ne pouvait tarder à lui en faire l'aveu; car un jeune homme qui habite Paris, doit, sur cet article, être beaucoup plus instruit qu'une jeune fille qui sort de pension. Elle attendait donc, avec impatience, que l'occasion se présentât, lorsque son cousin lui proposa une promenade au jardin. Mais nous tenterions inutilement de donner une idée du trouble qui s'empara d'Ernestine lorsque son cousin pressa tendrement sa jolie main, qu'elle n'avait ni la force, ni la volonté de retirer. La nuit commençait à déployer ses voiles ; un vent frais rafraîchissait l'atmosphère embrâsée par la chaleur du jour ; une douce rosée venait rendre aux fleurs du parterre l'éclat que le soleil leur avait ôté, et un ruisseau limpide, qui passait à quelque distance des amans, faisait entendre son doux murmure; tout enfin disposait l'âme aux plus doux sentimens.

Cependant Auguste, ce jeune homme vif, enjoué, spirituel, ne trouvait pas un mot pour entretenir sa cousine; il tremblait, ses pensées étaient confuses : il était honteux de sa timidité, et il ne se sentait pas la force de la vaincre; mais Ernestine ne pouvait se tromper (comme l'amour donne de l'expérience !....). L'embarras de son cousin lui persuada, plus que tous les sermens possibles ne l'eussent fait, qu'elle était aimée; un soupir s'échappa de son sein, elle pressa à son tour la main de l'heureux Auguste.... Oh! alors celui-ci ne fut plus maître de lui ; il tombe aux genoux de sa cousine : ce qu'il dit n'a pas le sens commun, et pourtant, comme il est éloquent !... La tendre, la naïve Ernestine n'hésite pas davantage ; elle aime son cousin, elle ne voit pas de mal à le lui dire.... Soupirs, aveux, baisers..... comme ils étaient heureux !

Le jour avait tout-à-fait disparu, la nuit était sombre ; quelques gouttes d'eau, précurseurs d'un orage, commençaient à tomber : les amans pensèrent qu'une plus longue absence pourrait donner des inquiétudes, et ils regagnèrent le château, en s'entretenant du bonheur qu'ils goûteraient quand ils seraient unis, car ils ne pensaient point que rien pût s'opposer à cette alliance. La suite nous apprendra s'ils avaient tort ou raison.

CHAPITRE III.

Le comte de Beaupré. — Apparition d'un Fantôme. — La Tour du Nord.

Monsieur d'Alvincourt, le père d'Auguste, était, ainsi que je l'ai dit plus haut, un homme célèbre; mais il était roturier. Le comte de Beaupré avait autrefois fait tout son possible pour empêcher sa sœur de s'unir à un homme dont le père n'était pas même secrétaire du roi; mais cette jeune personne, d'un esprit éclairé, savait distinguer le mot de la chose; elle avait persisté, et était devenue madame d'Alvincourt, en dépit des clameurs de quelques gentillâtres de la famille. Le comte de Beaupré, qui, n'avait pu garder long-temps rancune à sa sœur, que d'ailleurs il aimait beaucoup, finit par se lier intimement avec son beau-frère; mais il ne pensait jamais, sans un secret déplaisir, que cet homme-là n'avait ni titres, ni priviléges : vingt fois il avait tenté de faire acheter une charge de secrétaire du roi à M. d'Alvincourt, et celui-ci, content du beau titre d'honnête homme, que lui avait acquis ses vertus et sa probité, avait toujours rejeté la proposition. Ceci ne diminua point l'amitié que le comte lui portait; mais, ainsi que je l'ai déjà dit, il souffrait qu'un roturier fût allié à sa famille, et il s'était bien promis d'employer toute son autorité pour empêcher ses enfans de faire une pareille sottise. Qu'un comte soit jaloux de sa noblesse, cela n'a rien que de très-naturel; que la fille d'un comte aime un roturier, voilà encore ce qui se voit très-souvent : mais que le père cède aux volontés de sa fille sur cet article, voilà ce qui ne se voit guère, et c'est un grand bonheur pour nous autres romanciers. Où serait l'intérêt, si des amans, après s'être juré une fidélité éternelle, étaient unis sans difficultés? Il faut des contrariétés, des obstacles, obstacles sur obstacles; oh! alors il y a, comme disaient nos pères, *champs pour faire glane*. L'imgination en travail, un romancier entasse événement sur événement, et finit par accoucher d'un dénoûment qui trop souvent ressemble à la souris qu'enfanta la montagne du bon La Fontaine; mais qu'importe, le volume est rempli, le libraire paie, la presse gémit, et puis lira qui voudra.

Lorsque les amans rentrèrent au château, le comte commençait à être inquiet, car le tonnerre grondait depuis quelques instans, et il savait combien Ernestine s'effrayait facilement; mais cette dernière, près de son cousin, n'entendait, ne voyait que lui, et la foudre fût tombée à leurs pieds sans que cela l'effrayât davantage. Toutefois, l'inquiétude du comte ne se calma que pour renaître bientôt avec plus de force. Il regardait les jeunes gens: le feu de l'amour brillait dans leurs yeux; le sein d'Ernestine était agité, un vif incarnat colorait son beau visage, quelques soupirs, qu'elle tentait vainement d'étouffer, s'échappaient de sa poitrine; de son côté, Auguste paraissait vivement ému; ses yeux étaient fixés sur sa cousine, et son cœur battait avec force. Monsieur de Beaupré était connaisseur; il reconnut promptement que l'amour avait encore fait un tour de son métier, et sa douleur fut grande. Si sa fille eût aimé tout autre roturier, il n'eût pas balancé à interposer son autorité pour arrêter le mal dans son principe; mais il sentait que s'il brusquait les choses, il lui fallait renoncer à l'amitié de M. d'Alvincourt, et son stoïcisme n'allait pas jusque là; il sentait que l'amitié du magistrat lui était nécesaire, indispensable : il avait assez d'expérience qu'un véritable ami, qu'un ami tel que son beau-frère était un trésor inestimable, et il ne pouvait se résoudre à le perdre. D'un autre côté, il n'avait aucune raison, ou du moins il ne trouvait aucun prétexte plausible pour éloigner Auguste du château. Il eût bien, à la vérité, envoyé Ernestine chez quelque parent; mais se séparer de sa fille!... Et puis, il savait encore que l'absence ne fait qu'accroître l'amour dans un jeune cœur qui aime pour la première fois. Tout cela était fort embarrassant : l'imagination du comte n'était pas des plus fécondes, et il passa plusieurs jours sans savoir à quoi s'arrêter. Il méditait, méditait encore, et pendant ce temps-là, le petit dieu allait son train, et les cœurs des amans étaient plus enflammés que jamais. Enfin, M. de Beaupré, après s'être creusé le cerveau, s'arrêta à un plan qu'il jugea très-convenable à ses vues, et il se hâta de le mettre à exécution.

Auguste n'avait pas goûté dans les bras d'Ernestine les plus douces faveurs de l'amour, et cependant il était heureux ! Il avait la certitude d'être aimé; il pouvait à chaque instant du jour presser sur son cœur sa jolie cousine, et lui entendre répéter qu'elle brûlait du désir de lui appartenir. Les choses en étaient là, lorsqu'il commença à être question au château des choses extraordinaires qui se passaient dans l'une des quatre tourelles dont il était flanqué, et qui depuis longues années n'étaient point habitées. Plusieurs domestiques assuraient avoir vu, la nuit, de grands fantômes blancs se promener sur le donjon de la Tour du Nord; d'autres avaient vus des flammes; d'autres, enfin, avaient entendus des hurlemens épouvantables. On peut juger, d'après ce que nous avons dit du caractère d'Ernestine, de l'impression que firent tous ces discours sur son esprit. En vain son cousin tentait-il de la rassurer, et de lui prouver, par les raisonnemens les plus solides, que ce que les domestiques rapportaient des choses extraordinaires qu'ils avaient vues ou entendues ne pouvait être que l'effet que la frayeur produit sur l'imagination, et que la cause en devait être bien simple; qu'il se pouvait aussi que quelques fourbes aient imaginé d'employer ce stratagême pour forcer le comte à abandonner son château; tout cela ne pouvait rassurer la craintive et superstitieuse Ernestine: les croisées de sa chambre à coucher donnaient précisément du côté de la tour dont chaque jour on rapportait de nouvelles merveilles., et cela ne contribuait pas médiocrement à augmenter la frayeur de mademoiselle de Beaupré.

Une nuit que, l'esprit troublé de tout ce qu'elle avait entendu dire de la Tour du Nord, des songes épouvantables troublaient son repos, elle se leva et se plaça à la croisée, espérant que la fraîcheur de la nuit chasserait de sa pensée toutes les aventures de spectres et de revenans, qui la poursuivaient même pendant son sommeil. Il y avait quelques minutes qu'elle était appuyée sur le balcon, lorsque la partie la plus élevée de la Tour du Nord parut tout en feu, et les spectres les plus hideux semblaient voltiger çà et là. Épouvantée d'un pareil spectacle, Ernestine ferme promptement sa fenêtre, et se hâte de regagner son lit; mais à peine y était-elle entrée, qu'une inscription en lettres de feu parut sur les vîtres. La jeune amie de l'heureux

Auguste jette, en tremblant, les yeux de ce côté, et lit :

« Ernestine ! ta mère mourut en te don-
« nant le jour ; mais en quittant cette
« terre, elle promit de veiller sur toi :
« c'est elle qui t'ordonne de renoncer à
« Auguste d'Alvincourt. »

A peine Ernestine eut-elle lue cette fatale défense, qu'elle s'évanouit. Quelques instans après, elle reprit ses sens, et, se rappelant ce qu'elle avait vu, elle s'écria comme malgré elle : « *Renoncer à Auguste ! plutôt mourir.* » Aussitôt un bruit de chaînes se fait entendre ; elle entendit ouvrir sa porte, qu'elle ne manquait cependant jamais de fermer exactement. Un fantôme d'une taille démesurée s'arrêta devant son lit, et une voix sépulchrale fit entendre la même défense qu'un instant avant mademoiselle de Beaupré avait lue sur les vitres de sa chambre; alors, n'étant plus maîtresse de sa frayeur, elle se mit à pousser des cris épouventables. Auguste, qui occupait l'étage supérieur, fut le premier qui l'entendit: il ne pouvait se tromper; c'était bien la voix d'Ernestine qui appelait du secours. Aussitôt il s'élance hors de son lit, saisit son épée et descend précipitamment. Arrivé à la porte de sa maîtresse, il distingua, malgré l'obscurité, une espèce de fantôme qui fuyait. Sans délibérer long-temps, il se met à sa poursuite : le spectre, qui était des plus ingambes, descendit rapidement l'escalier. Arrivé au rez-de-chaussée, le bouillant d'Alvincourt allait le saisir, et reconnaître si un revenant était insensible aux coups d'épée ; mais une porte, qu'il ne connaissait pas, s'ouvrit tout-à-coup : le fantôme se précipite de ce côté. Auguste le poursuivit de nouveau, et la course recommença. Arrivés dans une salle basse, un escalier se présente ; les deux antagonistes le montent avec la même célérité, mais tout-à-coup le spectre s'évanouit. Auguste ouvre une croisée, regarde dans les cours du château, et reconnaît qu'il est dans la Tour du Nord. « Morbleu ! dit-il tout haut, puisque les esprits ont établi domicile ici, il faut que je sache comment ils traitent leurs hôtes. Si j'en juge d'après celui qui m'a conduit ici, ils ne sont pas très-braves, et je suis furieusement tenté de leur prouver, avec la pointe de de mon épée, qu'on ne tourmente point impunément les vivans de ma façon. »

A peine avait-il achevé ce monologue, qu'un grand bruit se fit entendre; il semblait partir de l'étage supérieur à celui où se trouvait notre héros, qui, montant toujours à tâtons, arriva dans une salle très-vaste; mais à peine y est-il entré que le bruit cesse, et des fantômes de feu voltigent autour de lui. Il veut les frapper de son épée, et sa haine n'éprouve aucune résistance. Cependant tout cela ne le décourage pas. Ce n'est pas un de ceux-là, s'écria-t-il, que j'ai poursuivi jusqu'ici, car il courait bien, il ne volait pas; et je me trompe fort, ou il craignait les coups d'épée. » En parlant ainsi, il continuait à frapper de droite et de gauche ; mais, las de ses inutiles efforts, il s'assit tranquillement, et lorsque l'aurore vint dissiper les ténèbres, il descendit dans les jardins du château, et s'étendit sur un banc de gazon, pour s'y reposer des fatigues de la nuit.

CHAPITRE IV.

Amours d'Auguste et d'Ernestine.

Aux cris d'Ernestine, sa femme-de-chambre et quelques domestiques étaient accourus avec des bougies; mais ils ne trouvèrent rien de dérangé dans l'appartement, et furent presque tentés de croire que mademoiselle de Beaupré avait été réveillée par quelque songe désagréable, qu'elle avait pris pour la réalité. Cependant ils ne parvinrent point à persuader cela à la jeune enfant, qui se rappelait trop bien les terribles caractères qui avaient brillé sur les vitres de sa fenêtre:

elle ordonna qu'on laissat brûler les bougies tout le reste de la nuit, retint une de ses femmes près d'elle, et congédia toutes les autres.

Dès que le jour parut, elle descendit au jardin, pour délibérer sur ce qu'elle devait faire. Le rossignol commençait à faire entendre son chant amoureux ; on respirait un air embaumé des parfums qu'exhalaient la rose, le jasmin, l'oranger, l'accacia et les milliers de fleurs rares et précieuses qui ornaient le parterre de ce lieu enchanteur, où tout invitait à l'amour et à la volupté. C'était là qu'Ernestine se livrait à ses méditations ; c'était là qu'elle sondait son cœur, pour savoir s'il lui était possible d'en chasser l'image de son cher cousin, ou si elle devait résister aux ordres de sa mère ; car elle ne doutait pas que le fantôme ne fût réellement l'ombre de la comtesse de Beaupré. Elle délibérait encore, et n'était pas plus avancée, lorsqu'au détour d'une allée, elle aperçut quelqu'un sur le banc de gazon, où son cousin lui avait pour la première fois juré de l'aimer toujours ; elle approche, regarde attentivement..... C'est lui ! c'est Auguste enseveli dans un profond sommeil. Une simple robe-de-chambre le couvrait, et son épée nue était dans sa main droite. Que fait-il ici ? se serait-il battu ? serait-il blessé ? Telles sont les diverses pensées qui se présentent à l'esprit d'Ernestine : son cœur bat avec violence ; elle s'approche davantage, soulève le bras de son charmant cousin, qui ouvre les yeux, reconnaît son amante et la presse sur son cœur. Ernestine, dans les bras de son amant, oublie un instant ses chagrins; mais elle se rappelle bientôt les terribles paroles du fantôme, et une larme vient mouiller sa paupière. Auguste, étonné, la presse de lui confier ses peines, et son amie lui raconte, en pleurant, l'aventure de la nuit. — Calme-toi, ma douce amie, s'écrie d'Alvincourt; il y a là-dessous quelque fourberie, que je découvrirai. Et alors, il apprit à sa cousine comment, l'ayant entendu crier, il était descendu pour lui porter du secours; qu'ayant rencontré le fantôme, il l'avait poursuivi jusqu'à la Tour du Nord, et que là seulement il en avait perdu la trace. Certes, continua-t-il, on n'entendit jamais parler que les esprits, les démons, les revenans, les vampires, etc., craignissent les faibles mortels; et puis, Ernestine, si l'ombre de votre mère pouvait lire dans les cœurs, elle aurait sans doute le pouvoir de les empêcher d'aimer, et elle n'eût pas préparé tant de maux à sa fille et à son neveu. Ce fantôme n'est sans doute que quelque lâche rival, jaloux de mon bonheur. C'est à moi qu'il appartient de le punir, et de dévoiler sa fourberie : homme ou démon, je saurai l'atteindre. Pour mériter Ernestine, pour m'assurer de sa possession, j'irais en enfer combattre les légions infernales, et l'amour me répondrait de la victoire. »

Toutes ces raisons ne rassurèrent que bien faiblement la crédule Ernestine ; mais l'amour était, en pareille circonstance, la meilleure raison du monde. L'heureux cousin cueillit quelques baisers, qu'on lui rendit en tremblant, et bientôt de nouveaux sermens resserrèrent le doux lien qui les unissait, en dépit de tous les spectres présens et à venir. Auguste tenait toujours sa jolie cousine dans ses bras ; il respirait sa douce haleine ; sa main pressait doucement deux globes voluptueux, que les feux du désir embrâsaient : l'incendie se communique, leurs âmes se confondent et..... Nature, amour, désirs, volupté ! voilà votre ouvrage.

Le temps, sur l'aile du plaisir, s'envole rapidement, et le soleil avait déjà fait le quart de sa course, lorsque l'heureux Auguste commença à s'apercevoir que le vêtement peu décent qui le couvrait ne lui permettait pas de rester davantage dans un lieu que l'amour venait de transformer pour lui en paradis terrestre. Il sèche de ses baisers brûlans les dernières larmes de l'innocence, presse encore sur son cœur la timide et sensible Ernestine, et se retire chez lui pour se disposer à paraître chez son oncle.

M. de Beaupré fit à son neveu quelques reproches d'avoir tant tardé à descendre; celui-ci s'excusa sur la mauvaise nuit qu'il avait passée, et raconta l'aventure du revenant. Quelques instans après, Ernestine parut, et confirma ce que son cousin avait dit. Tout le monde parut très-surpris de cet événement; le comte lui-même avait l'air de ne pouvoir revenir de son étonnement: il loua fort le courage de son neveu; mais cependant il l'invita à ne plus s'exposer ainsi, ajoutant qu'il préférerait quitter le château pour quelque temps, que d'exposer même un seul de ses domestiques à tomber sous les coups de quelques scélérats, dont, pendant son absence, on pourrait peut-être plus facilement découvrir le repaire.

Nous avons omis de dire, mais le lecteur l'aura sans doute deviné, que, dans le rapport que firent les amans, de l'aventure de la nuit, ils s'étaient bien gardés de dire que le spectre ne demandait rien autre chose, sinon que les cousins ne devinssent pas époux ; mais peut-être a-t-on aussi deviné que le comte en savait, sur ce chapitre, beaucoup plus que ceux qui croyaient lui cacher quelque chose.

Quelque temps se passa sans qu'on entendît parler davantage des merveilles de la Tour du Nord : les amans goûtaient une félicité digne d'envie, et bientôt Ernestine reconnut qu'elle portait dans son sein le fruit du plus tendre amour. Cela ne la chagrina pas ; car le fantôme la laissant maintenant fort tranquille, elle commençait à croire que son cousin avait deviné juste, et que l'esprit qui l'avait si fort effrayée, n'était rien autre que quelqu'un des jeunes seigneurs qui venaient au château, et dont elle avait souvent rejeté les hommages. Elle fit donc part à Auguste de la situation où elle se trouvait : celui-ci en ressentit un plaisir difficile à décrire, car il adorait sa cousine, et son amour, couronné des plus douces faveurs, n'en était pas moins ardent. Il fut convenu que le jour suivant, d'Alvincourt écrirait à son père, afin que ce dernier fît les démarches nécessaires auprès du comte, pour terminer promptement cette alliance. Les plus doux transports scellèrent encore ces conventions, et les jeunes amans se séparèrent plus enivrés que jamais de plaisir et d'amour.

Dans le cours de la journée, Auguste, qui croyait ne plus devoir faire un mystère des sentimens que lui avait inspirés sa jolie cousine, parut plus empressé que jamais à prévenir ses moindres désirs, et plus d'une fois il fut tenté d'avouer son amour à M. de Beaupré, afin de hâter son bonheur; mais celui-ci, qui ne s'apercevait pas, ou qui feignait de ne pas s'apercevoir de l'intimité des jeunes gens, évita soigneusement de se trouver seul avec son neveu. Auguste s'en consola, en pensant que, dès le lendemain, son père serait instruit de tout. Il se proposait de lui tout avouer; même la situation d'Ernestine, afin de l'engager à mettre plus de diligence dans cette importante affaire, et il se retira de bonne heure, pour rédiger la missive qu'il espérait envoyer le lendemain à M. d'Alvincourt.

Nous verrons dans le chapitre suivant si quelqu'événement ne vint pas mettre obstacle à l'exécution de ce projet.

CHAPITRE V.

Seconde apparition du Fantôme. — Catastrophe.

Chaque matin, les amans se retrouvaient dans le jardin, sur ce banc de gazon, premier témoin de l'amour heureux; et là ils buvaient à longs traits dans la coupe du plaisir et de la volupté. Auguste, après avoir terminé l'épître qu'il destinait à son père, et dans laquelle il s'étendait longuement sur les qualités physiques et morales de sa cousine; après, dis-je, avoir terminé cet écrit, dicté par l'amour lui-même, il s'endormit, bercé par la plus flatteuse espérance, et lorsque l'aurore commença à dissiper les sombres voiles de la nuit, il descendit dans le jardin. Il y était à peine, qu'Ernestine parut; mais, grands Dieux! que lui était-il arrivé? Elle marchait d'un pas lent, avait l'air abattu, et son beau visage était baigné de larmes. Auguste pensa aussitôt au revenant; il se douta que c'était encore un tour de sa façon, et pressa son amante de lui apprendre ce qui lui causait tant de chagrin. Alors Ernestine lui raconta que cette nuit même, l'ombre de sa mère lui était encore apparue, et qu'elle l'avait menacée des plus terribles châtimens, si elle ne renonçait à devenir l'épouse de son cousin. « Je n'ai pas crié, continua Ernestine, car je craignais d'être obligée de mettre mon père dans la confidence; je me contentai de me jeter le drap par-dessus la tête, et lorsque le fantôme eut achevé de parler, il disparut. Ah! mon cher Auguste! est-il un malheur comparable au mien? Si je n'épouse pas celui que mon cœur a choisi, celui qui m'est plus cher que la vie, il me faut renoncer, non-seulement au bonheur, mais encore à l'estime des hommes. Si le père de mon enfant ne devient point mon époux, j'en mourrai de douleur, et j'enfreins les ordres divins. Vous mourrez la première nuit de nos nôces, et mon père ne vous survivra que deux jours : telles sont les menaces qui m'ont été faites cette nuit même.

» Ne t'afflige pas, ma douce amie,

répondit d'Alvincourt en embrassant sa cousine; je te jure que la nuit prochaine ne se passera pas sans que tout cela soit éclairci. Je le répéte, il y a là-dessous quelque fourberie que je découvrirai : seulement, il est nécessaire que personne, dans le château, ne sache ce qui s'est passé cette nuit, car cela pourrait nuire à l'exécution de mes projets. »

Ernestine promit de garder le silence ; mais le discours de son cousin était loin de la rassurer : personne ne savait, à ce qu'elle croyait au moins, qu'elle avait le dessein de devenir l'épouse du jeune d'Alvincourt ; comment donc pouvait-il se faire qu'on eût si exactement deviné la vérité? Et puis ces caractères de feu, qu'elle avait vus sur ses vitres, et puis tant d'autres aventures miraculeuses qu'elle avait entendu raconter par sa gouvernante, et qu'elle s'était accoutumée à regarder comme autant d'articles de foi ; certes, il n'en faut pas tant pour tourner une jeune cervelle.

La journée se passa assez tristement pour les deux amans, et quand l'heure de se retirer fut venue, Auguste se munit d'une lanterne sourde, d'une paire de pistolets, et l'épée à la main, il se mit en sentinelle dans l'escalier par lequel le revenant s'était enfui la première fois. Un peu après minuit, il entendit un grand bruit de chaînes: il se tapit dans un coin, et bientôt il distingua le même fantôme qui, à la première rencontre, avait si bravement pris la fuite. Cette fois la nuit était moins sombre, et permettait de distinguer tant soit peu les objets. Lorsque d'Alvincourt jugea que l'esprit était assez près de lui pour ne pouvoir lui échapper, il s'élança pour le saisir; mais quel fut son étonnement, lorsqu'il vit que son antagoniste, loin de chercher à lui échapper, s'arrêta à quelques pas de lui, et que, tirant de de dessous le linceuil dont il était couvert, une épée nue, il le provoqua au combat! Auguste, prompt comme la foudre, croise le fer, et presse son ennemi; mais à peine a-t-il porté quelques bottes, que son épée vole à quelques pas de lui. Le fantôme lui fait signe de la ramasser: d'Alvincourt obéit, et le combat recommence; mais, pour la seconde fois, il est désarmé... La rage dans le cœur, il ramasse son arme une seconde fois, et tirant sa lanterne de sa poche : « Homme ou diable, s'écria-t-il, je te verrai de près. » Mais à peine le revenant eut-il aperçu la lumière, qu'il s'enfuit à toutes jambes, et l'intrépide Auguste se mit à courir sur ses traces. Dans sa course, son épée donna contre la muraille et se brisa; aussitôt il jeta le tronçon, saisit ses pistolets, et se mit à poursuivre le fantôme avec une nouvelle ardeur; enfin, comme il craignait d'en perdre une seconde fois la trace, il fit feu, et l'esprit tomba en poussant un gémissement. Sa lumière s'étant éteinte pendant qu'il courrait, il ne put reconnaître celui qu'il venait de frapper mortellement : il se contenta de s'assurer que cette ombre prétendue était un corps bien matériel, et il continua à marcher pour sortir du corridor obscur où il se trouvait. Bientôt le courageux amant d'Ernestine arriva dans une salle basse de la Tour du Nord; et comme il était décidé à pousser tout-à-fait à bout cette aventure, il résolut de monter dans les chambres, pour s'assurer si le revenant, qu'il venait de renvoyer dans l'autre monde, n'avait point là quelque compagnon de fourberie. Parvenu au donjon de la tour, il vit deux spectres qui s'avançaient vers lui en gambadant : son second pistolet en étendit un à ses pieds; et comme il n'avait plus

d'arme, il se jeta sur le second, le terrassa, et menaça de l'étrangler, s'il n'avouait sur-le-champ qui il était, et quels motifs l'engageaient à jouer, ainsi que ses compagnons, le rôle dangereux de revenans. — « Ah ! monsieur, s'écria ce pauvre
» diable, ne me tuez pas ; je ne fais
» de mal à personne. Je suis le pre-
» mier valet-de-chambre de mon-
» sieur le comte ; le malheureux que
» vous venez de tuer est mon se-
» cond ; et monsieur le comte lui-
» même, déguisé comme nous, vient
» de nous quitter dans l'instant......
» — Qu'entends-je ! s'écria Au-
» guste ; grand Dieu ! qu'ai-je fait !
» je suis le meurtrier de mon oncle ! »
Il n'en put dire davantage, et tomba évanoui.

O faiblesse humaine ! voilà de tes coups ! Après cela, n'est-il pas permis de s'écrier que *les préjugés furent inventés par la sottise, pour le malheur de l'humanité ?*

CHAPITRE VI.

Auguste enlève Ernestine.

Le jour vint bientôt éclairer cet affreux spectacle, et le valet-de-chambre jeta l'alarme dans tout le château. Auguste, qui n'était revenu de son évanouissement que pour tomber dans le plus affreux délire, fut porté dans sa chambre et gardé à vue, tandis qu'on envoya en toute hâte chercher les autorités, pour relever les cadavres du comte et de son valet, et constater la manière dont ils étaient morts.

On peut aisément se faire l'idée du désespoir d'Ernestine, lorsqu'elle apprit cet affreux malheur : elle perdait tout à-la-fois son père, son époux et l'honneur! Elle maudit sa fatale crédulité; mais hélas! le mal était sans remède.

Cependant la justice reconnut facilement, aux costumes bizarres dont étaient affublés les cadavres, et aux déclarations du troisième auteur de cette tragédie; elle reconnut, dis-je, l'innocence du malheureux Auguste, et on procéda à l'inhumation des victimes.

Auguste, le malheureux Auguste avait recouvré l'usage de la raison, et il n'en sentait que plus vivement l'horreur de sa situation. Ernestine ne pouvait, sans blesser les convenances, épouser le meurtrier de son père. Le préjugé; le cruel, l'absurde préjugé, était encore là pour le malheur des amans. Le jeune d'Alvincourt n'était certainement pas l'assassin du comte de Beaupré ; il était loin de penser que ses coups portaient sur l'être dont il attendait le bonheur ; mais l'opinion publique le frappait. Pourquoi ? Parce qu'il était la cause innocente d'un affreux malheur.... O raison ! divine raison ! quand ton flambeau viendra-t-il donc éclairer les mortels, et dissiper les ténèbres de l'ignorance ?

Le comte de Beaupré n'ayant qu'Ernestine pour héritière, les affaires d'intérêt furent bientôt réglées. On lui donna un tuteur, et au bout de quelques jours Auguste fut reconduit chez son père. Cet excellent homme employa les meilleurs raisonnemens pour consoler son fils ; mais il ne pouvait guérir une blessure dont il ne connaissait pas toute la profondeur. Il croyait que son fils pleurait le comte, et que la tragique histoire dont il était le malheureux héros causait tous ses chagrins : il ignorait que l'amour doublait et rendait incurables les maux de son fils. Enfin, la nature et la jeunesse l'emportèrent ; Auguste se rétablit quant au physique ; mais le moral était trop sensiblement affecté. Monsieur d'Alvincourt s'en aperçut ; mais il attendait tout du temps : il savait qu'il n'est point de blessures que les années ne parviennent à cicatriser, et il espérait voir quelque jour l'aimable gaîté renaître sur le front d'Auguste.

Cependant Ernestine, qui, depuis la catastrophe qui l'avait privée de son père, habitait le château du tuteur qu'on lui avait donné, la tendre, la sensible Ernestine était dans une situation plus terrible encore que celle de son cousin. Non-seulement elle avait perdu un père adoré, mais son amant lui était enlevé par la force des circonstances ; et, pour comble de malheur, il lui était impossible de cacher encore long-temps le fruit du plus tendre amour, qu'elle portait dans son sein. L'idée de mettre dans sa confidence un tuteur sévère, et qu'elle désespérait de pouvoir attendrir ; cette idée lui était insupportable : à chaque instant du jour ces tristes pensées lui arrachaient des larmes. Enfin, ne sachant à quel parti s'arrêter, elle prit la terrible résolution d'ensevelir ses malheurs, son amour et sa faiblesse dans la nuit du tombeau. Dès ce moment, ses larmes ne coulèrent plus ; une sombre mélancolie s'empara de son âme : elle mûrit son projet, et bientôt, sans s'émouvoir, elle désigna le jour, l'heure et le lieu où elle devait consommer cet affreux sacrifice.

Il y avait derrière le château qu'habitait l'amante d'Auguste, un parc immense ; des arbres d'une hauteur prodigieuse, et dont l'ancienneté se perdait dans la nuit des temps, formaient un ombrage impénétrable aux rayons du soleil : c'était-là qu'Ernestine aimait à promener ses sombres rêveries, et ce fut ce lieu qu'elle choisit pour l'exécution de son funeste dessein. Le jour qu'elle avait fixé étant venu, elle se rendit dans cet asile solitaire : après avoir adressé à l'Etre Suprême une courte prière, elle leva les yeux au ciel, prononça le nom d'Auguste, d'une voix entrecoupée par les sanglots, et levant vivement sa main droite, armée d'un poignard, elle allait frapper.... Dans ce moment terrible, un homme s'élance vers elle : prompt comme la foudre, il lui arrache l'arme fatale, et tombe à ses genoux. Ernestine, étonnée, pousse un cri, regarde son sauveur...... C'est lui ! c'est Auguste !..... Ne pouvant plus résister au désir de revoir encore sa bien aimée, il avait quitté la maison paternelle : arrivé au château du tuteur, il avait escaladé les murs du parc, et marchait vers les jardins, dans l'espoir d'y rencontrer Ernestine, lorsqu'il l'aperçut prête à détruire le plus bel ouvrage du Créateur.

Ernestine, dans les bras de son amant, oublia quelques instans ses malheurs, et bientôt Auguste la pressa de le suivre. Ernestine! ma douce amie! lui dit-il, viens avec ton amant; nous irons, dans quelque contrée éloignée, chercher un asile contre les sots préjugés et la méchanceté des hommes; un prêtre bénira nos sermens; Auguste sera ton époux, et il sera fier de nourrir du travail de ses mains son épouse et son fils.

Mademoiselle de Beaupré hésita

un instant ; mais il fallait mourir, ou suivre son amant : le choix ne pouvait être douteux, et ils s'éloignèrent précipitamment du château du tuteur. Auguste s'était muni d'une somme d'argent assez considérable : il proposa à sa jeune compagne d'infortune de quitter la France ; celle-ci y consentit, et bientôt le beau ciel de l'Italie éclaira les tendres amours de ces modèles de constance et de fidélité.

CHAPITRE VII.

Monsieur d'Alvincourt retrouve ses enfans en Italie.

MILAN fut l'asile qu'Auguste et Ernestine choisirent : dès qu'ils y furent arrivés, un prêtre les unit. Auguste tira parti des arts d'agrémens qu'il avait toujours cultivés avec succès ; il fit de petits tableaux inspirés par l'amour, et dont le produit était suffisant pour le faire vivre, ainsi que son amie, dans une honnête aisance. Au bout de quelques mois, Ernestine mit au monde un garçon beau comme le jour, et la félicité d'Auguste eût été parfaite, s'il avait été près de son père. Mais un nuage obscurcissait sans cesse le bonheur dont il jouissait : ce bon père, auquel il n'avait point fait part de son projet, pleurait peut-être la perte de son fils ; peut-être encore le chagrin l'avait-il mis au tombeau : telles étaient les réflexions que faisait chaque jour l'époux d'Ernestine, et il était décidé à écrire à M. d'Alvincourt, pour lui demander pardon et l'instruire du lieu de sa retraite, lorsqu'un événement heureux réunit enfin cette intéressante famille.

M. d'Alvinconrt avait un frère au service du roi de Naples depuis de nombreuses années. Ce frère, par les services importans qu'il avait rendus à l'Etat qu'il servait, avait acquis une fortune immense ; mais la mort avait, depuis quelque temps, mis un terme aux belles actions de cet honnête homme : il était mort sans enfans, et par conséquent son frère était son unique héritier. M. d'Alvincourt reçut la nouvelle de cette mort dans le temps qu'il pleurait la perte de son fils ; car il ne doutait pas que son cher Auguste n'eût lui-même mis fin à ses jours, attendu que le tuteur d'Ernestine, qui était fort avare, s'était bien gardé d'apprendre à la famille l'enlèvement d'Ernestine, de peur qu'on ne lui ôtât l'administration de ses grands biens, et il se contentait de la faire chercher par des agens secrets.

L'honnête magistrat ayant donc

appris que son frère lui laissait une fortune immense, résolut de quitter un pays qui lui rappelait de trop douloureux souvenirs, et d'aller dans le royaume de Naples chercher à oublier ses chagrins. En passant par Milan, il voulut séjourner quelques jours dans cette ville, pour en admirer les beautés ; et il y était depuis quelques jours, lorsqu'un soir, revenant de la promenade, il entendit prononcer son nom par une voix qui ne lui était pas inconnue. Il se retourne...... ô surprise ! c'était Auguste et Ernestine qui s'entretenaient de leur père, qu'ils étaient loin de penser être si près d'eux. Le bon d'Alvincourt avait peine à en croire ses yeux, et ne fut persuadé de son bonheur que lorsqu'il tint ses enfans dans ses bras.

Cette aventure ayant attiré beaucoup de curieux autour de l'heureux groupe, Auguste fit avancer une voiture de place; ils y montèrent tous trois, et en quelques minutes on arriva à la maison des époux. Le bon d'Alvincourt pleurait de joie en écoutant son fils, qui lui racontait ce qui lui était arrivé depuis qu'il l'avait quitté, et on pense qu'il pardonna facilement aux jeunes amans. « Mes enfans, leur dit-il,
» personne mieux que moi ne sait
» que l'amour est un maître auquel
» il faut obéir, et un épisode de ma
» vie pourrait vous en convaincre;
» mais il est tard, nous avons tous
» besoin de repos : demain je vous
» raconterai cela, et nous ferons en-

» suite le voyage de Naples ensem=
» ble ; car je pense, que vous n'a-
» vez plus envie de vous séparer de
» votre père. »

Auguste et son épouse se jetèrent aux genoux de M. d'Alvincourt, en le conjurant de leur pardonner. Ce bon père les releva avec bonté, et bientôt on se sépara pour prendre quelque repos.

On dormit profondément ; on était si heureux! Un déjeuner simple, mais délicieux, suivit la première nuit, vraiment heureuse, que les amans passaient depuis qu'ils étaient unis ; et tandis qu'Ernestine alaitait son fils, Auguste pria son père de leur raconter l'épisode dont il avait parlé la veille. M. d'Alvincourt

y consentit, et commença ainsi........
Mais, cher lecteur, nous en ferons, si vous le trouvez bon, partie des derniers chapitres de ce petit ouvrage.

CHAPITRE VIII.

Episode de la vie de Monsieur d'Alvincourt.

« Si je connais les hommes, je dois cela à une longue expérience et aux divers événemens de ma vie : ma jeunesse, surtout, fut des plus orageuse, et ce que vous allez entendre pourra vous en faire juger.

» J'avais au plus dix-huit ans lorsque ma sœur, plus jeune que moi de quelques années, fut mise au couvent des Urselines. A cet âge, les passions commençaient à fermenter dans mon cœur. J'allais souvent voir ma sœur, qui, chaque fois qu'elle paraissait à la grille, était accompagnée d'une religieuse. Un jour que je me présentai au parloir, Hortense, c'était le nom de ma sœur, parut, suivie d'une jeune religieuse qui comptait à peine trois lustres et demi. Jusqu'alors je voyais toutes les femmes avec plaisir; je les aimais toutes, et j'en désirais la possession, sans pouvoir me rendre compte du sentiment qui me la faisait désirer; mais à la vue de la sœur Aglaé (c'était ainsi que se nommait la compagne d'Hortense), l'amour se fit tout-à-fait jour dans mon cœur, et il commença à y régner en maître. Je ne sais de quoi j'entretins Hortense dans cette occasion, car j'étais si troublé qu'il m'était impossible d'arranger mes idées : mes yeux, continuellement fixés sur la charmante religieuse, ne pouvaient s'en détacher; et plus j'admirais sa figure céleste, plus le feu dont elle embrâsait tout mon être devenait ardent.

» Ma visite, qui fut très-longue, me parut cependant beaucoup trop courte, et je me promis de la renouveler le plutôt qu'il me serait possible.

» Lorsque je fus hors du couvent, mes sens agités se calmèrent un peu, et me permirent de réfléchir; ma raison reprit quelqu'empire. Je me représentai tous les maux que me préparait cet amour; l'impossibilité d'être jamais uni à celle que j'aimais; la difficulté de lui faire partager mes sentimens; mais toutes ces réflexions ne me changèrent en rien : la raison n'a pas de plus terrible ennemi que l'amour, et ce dernier l'emporta. Aglaé, la divine Aglaé était sans cesse présente à mon esprit : il fallait la posséder ou mourir.

» J'eus la faiblesse de confier mon amour à quelques jeunes gens de mes amis, qui, plus foux que moi, et, dans tous les cas, moins excusables, puisqu'ils n'étaient pas amoureux d'Aglaé, offrirent de me servir dans cette occasion.

» Je continuai à visiter très-souvent ma sœur. Chaque fois qu'elle venait au parloir, Aglaé l'accompagnait, et sa vue ne servait qu'à rendre plus violent l'incendie qu'elle avait allumé dans mon cœur. Bientôt je crus m'apercevoir que la jeune religieuse me voyait avec plaisir, et s'il m'arrivait de lui adresser la parole, un vif incarnat colorait aussitôt son beau visage. Enfin, un jour, brûlant de désirs et d'amour, je me rends au parloir. Hortense et Aglaé ne tardèrent pas à y paraître; et alors, n'écoutant que ma passion, ne voyant que l'objet de mon amour, je tombe à genou, et j'ose dire à Aglaé tout ce qu'elle m'avait inspiré. Hortense et la jeune religieuse me conjurent de me relever, de sortir. Il le fallait, j'obéis; mais Aglaé emportait l'aveu de mon amour, et j'étais bien décidé à ne pas m'en tenir là.

» Quelques jours après, je retournai au couvent. Je revis ma sœur ; mais, hélas ! Aglaé ne l'accompagnait pas ! J'eus beau prier Hortense, lui faire mille questions ; elle se tût sur ce qui regardait son amie, me passa, à travers la grille, un papier roulé, et me pressa de sortir. J'obéis sans peine, car je brûlais d'impatience de savoir ce que contenait ce mystérieux papier. Je l'ouvre.... il était d'Aglaé ! c'était elle-même qui m'écrivait ; mais, hélas ! pour m'apprendre qu'obligée d'obéir à des parens injustes, elle était entrée en religion, afin d'enrichir l'aîné de sa famille. « Vivant dans le monde, écrivait-elle en finissant, j'eusse mis mon bonheur à lier ma destinée à la vôtre; mais, séparée pour toujours de la société, Aglaé ne peut que faire des vœux pour votre bonheur : son devoir lui défend même de vous voir davantage. »

» Je ne pourrais vous exprimer l'effet que produisit en moi la lecture de cette lettre : la certitude d'être aimé d'Aglaé était pour moi le plus grand bonheur; mais je ne devais plus voir cet être céleste, de qui dépendait le bonheur de ma vie, et ce malheur m'accablait. Après avoir réfléchi quelques instans, je pensai que les amis qui m'avaient offerts leurs services, pourraient, dans cette occasion, me donner quelques bons conseils, et je les rassemblai aussitôt. « Tu es aimé, d'Alvincourt, me dit l'un d'eux ; dès-lors le succès est certain. » Alors chacun donna son avis, et voici celui qui parut le meilleur.

» Il y avait, dans les environs, une fontaine dite de Ste Clotilde, en grande vénération dans toute la province, à cause des prétendus miracles qu'elle faisait : on y venait en pélerinage de très-loin, et un grand nombre de pélerines étaient reçues dans le couvent des Urselines. Il fut donc convenu que sur le déclin du jour, mes *très-sages* amis et moi, tous déguisés en pélerines, nous irions demander l'hospitalité dans le couvent, et que, pendant la nuit, ils m'aideraient à enlever Aglaé.

CHAPITRE IX.

Suite de l'épisode de la vie de Monsieur d'Alvincourt.

» Lorsque la nuit commença à étendre ses voiles, le jeune Duval, et deux autres de mes amis, déguisés en pélerines, me pressèrent de commencer l'exécution du projet dont il avait été question. L'un d'eux m'apportait un costume complet de pélerine : je ne pouvais refuser, sans encourir les sarcasmes de ces jeunes foux. Ces raisons qui, à l'âge que j'avais alors, étaient d'un très-grand poids, me décidèrent, peut-être autant que mon amour, à braver les lois et l'autorité paternelle, et à violer l'asile de paix et de religion qu'habitait ma maîtresse. J'allais faire quelques observations ; elles expirèrent sur mes lèvres. Il était écrit que je ferais cette nuit la plus grande folie de ma vie. Nous nous présentâmes à la porte du couvent, dans lequel nous fûmes reçus sans difficulté. La supérieure surtout nous entretint quelques instans avec beaucoup d'affabilité, et l'excès de sa politesse pensa découvrir notre ruse. Cette supérieure était une femme qui comptait au plus trente printems ; son teint avait conservé la fraîcheur de l'adolescence; ses traits, sans être réguliers, étaient cependant charmans; sa voix était douce, et le voile lui donnait un air de mélancolie qui doublait ses grâces naturelles. Parmi les amis qui m'accompagnaient, Duval était mon plus intime. C'était un charmant garçon, que distinguaient de grandes qualités; mais qui, en même-temps, avait les passions ardentes et l'imagination très-vive. Les charmes de la belle supérieure ne lui échappèrent pas plus qu'à moi; mais malheureusement il ne savait pas résister à l'impulsion de ses désirs.

» Depuis quelques instans seulement la sainte mère nous entretenait, et déjà les yeux de mon ami étincelaient d'amour ; déjà il avait conçu le projet de posséder la révérende mère Caroline (c'était le nom de la supérieure), qui, très-probablement, n'avait de *mère* que le titre.

» J'avais regardé mon ami à plusieurs reprises, et, le connaissant parfaitement, j'avais deviné ce qui se passait en lui ; mais sachant combien il était difficile, pour ne pas dire impossible, de le faire renoncer à ce qu'il avait résolu d'entreprendre, je ne lui fis point part de mes craintes, et j'attendis l'événement, non sans quelque inquiétude, comme vous pouvez l'imaginer.

» Cependant la cloche de retraite sonna, et comme, pour éviter qu'on observât de trop près et par trop long-temps nos figures masculines, nous avions refusé le repas qui nous avait été offert, on nous conduisit tous quatre dans le dortoir réservé pour les pélerines.

» Lorsque nous fûmes seuls, Duval m'apprit ce que j'avais déjà deviné, c'est-à-dire, qu'il était amoureux fou de la supérieure, et qu'il était bien décidé à ne pas quitter le monastère sans tenter fortune près de la révérende. Tous mes raisonnemens ne purent le convaincre du danger qu'il courrait ; et que, par la même raison, il nous ferait courir à tous, dans le cas où son peu de retenue ferait découvrir notre stratagême. — D'Alvincourt, me disait-il, tu es un franc égoïste ; tu aimes Aglaé ; je m'offre pour t'aider à obtenir la possession de ta maîtresse, et c'est lorsque je me dévoue pour toi, que tu me blâmes d'être sensible. En vain tentai-je de faire entendre à cet insensé que j'étais sûr du cœur de ma maîtresse, tandis qu'il ne connaissait pas celle dont il convoitait les faveurs ; Duval aimait les femmes, mais il ne les estimait pas, et son opinion sur le beau sexe n'était pas des plus avantageuses pour ce dernier. « La supérieure est femme, me dit-il pour toute réponse : je l'aime et je l'aurai, rien n'est plus simple; car il est de la nature des femmes d'aimer le plaisir, et je lui prouverai que je n'en suis pas avare. »

» Tout ce beau raisonnement ne me persuadait pas du tout ; mais il fallait attendre l'événement, et je me résignai.

» Cependant toute la communauté paraissait être ensevelie dans le plus profond sommeil : c'était l'instant d'agir. « D'Alvincourt, me dit encore Duval, bientôt tu vas posséder ta maîtresse ; tu jouiras long-temps de la plus grande félicité : moi, qui aime la supérieure, et qui brûle d'en obtenir les faveurs, je n'ai que cet instant pour être heureux. Retarde de quelques instans l'enlèvement d'Aglaé ; laisse-moi goûter le plaisir de passer seulement une heure dans les bras de la jolie mère de ces charmantes filles : le succès de ton entreprise n'en sera que plus certain. »

» Je consentis à ce que mon ami demandait ; car, depuis mon entrée dans le monastère, je doutais beaucoup du succès de notre entreprise; et soit que mon amour fût un peu refroidi, soit que la crainte étouffât le désir, je me repentais de m'être aussi légèrement engagé dans une semblable aventure. Mes deux autres amis, jeunes foux, ainsi que je vous l'ai dit, ne voyaient de l'affaire que le côté plaisant, et riaient de tout leur cœur de la simplicité de ces bonnes filles de Dieu. L'idée de Duval, relativement à la supérieure, ne manqua pas d'être approuvée par eux. Rien, disaient-ils, ne serait plus comique ; jamais tour ne pourrait être plus malin : c'était le *nec plus ultrà* du genre. Enfin, Duval, qui probablement s'attendait à des obstacles, ne trouva que des encouragemens ; et pour justifier la bonne opinion que ses amis avaient de lui, il se mit en campagne sur-le-champ.

» Je ne sais si je vous ai dit qu'en visitant le couvent, nous avions remarqué la cellule d'Aglaé : quant à l'appartement de la supérieure, comme nous avions tous d'abord été présentés à cette sainte femme, nous savions tous quatre où cet appartement était situé. Duval quitta le dortoir, guidé par le désir, et se dirigea vers l'objet, je ne dirai pas de son amour, mais de son caprice; car si l'amour est un sentiment qui naît tout-à-coup, la possession, pendant une heure, de l'objet qui l'a fait naître ne saurait l'éteindre. Arrivé à la porte de la supérieure, il frappa doucement. — « Qui est-là? demanda la jeune mère. — C'est, répondit Duval en contrefaisant sa voix, c'est une des pélerines que vous avez eu la bonté de recevoir, et qui a le plus grand besoin de vos conseils. » La belle Caroline, trompée par la douceur de la voix, et très-curieuse de savoir ce que la prétendue pélerine avait de si pressé et de si mystérieux à lui apprendre, ouvrit la porte à mon ami, l'invita à s'approcher de son lit, dans lequel elle se mit aussitôt. Duval, ivre de désirs et d'amour, entretint quelques instans la religieuse ; mais ses discours étaient sans suite et ne signifiaient rien, et sa voix que, dans le trouble où il était, il ne songeait plus à déguiser, effraya la bonne mère : elle s'imagina que la pélerine était folle ou possédée, et allait appeler du secours, lorsque le jeune

étourdi, qui était effectivement fou des charmes de Caroline, et possédé du désir de les posséder, se découvrit à elle. « Charmante Caroline ! s'écria-t-il en tombant à genoux, et en pressant sur son cœur une main de la religieuse ; ne perdez pas un homme qui vous adore, et auquel l'amour a fait tout braver pour arriver jusqu'à vous !...
— Malheureux ! s'écria à son tour Caroline, qu'avez-vous fait ?...... Et elle se jeta aussitôt dehors de son lit pour appeler les sœurs ; mais mon ami la prenant dans ses bras, lui ferma la bouche par des baisers de feu, et lui tint les discours les plus passionnés.

» Caroline avait vu le monde ; elle n'était, ainsi que le plus grand nombre des religieuses, entrée en religion que malgré elle ; et une femme, fût-elle des plus vertueuses, est toujours femme. La nature a formé pour l'amour ce sexe charmant, et la nature n'a jamais tort. La jolie supérieure essaya pourtant de la combattre ; mais elle devait être vaincue. Le cloître, à mon avis, est la chose la plus ignoble et la plus pernicieuse pour la société. Il existe dans le monde civilisé bien des institutions contre nature, et quelques philosophes prétendent que le mariage est une de ces institutions. Cette proposition, très-philosophique, est au moins susceptible de contestation ; mais qui pourrait, avec quelque apparence de raison, constester, non-seulement l'inutilité, mais le danger des cloîtres ? Si vous contraignez la nature; semblable à un fleuve dont on tenterait d'arrêter le cours, elle se fraye une autre route; et de-là naissent les déréglemens, les vices odieux. Les couvens ne sont, et ne peuvent-être que les réceptacles de vices infâmes, de sottises, d'ignorance et de paresse. Si quelques-uns font exception à cette régle, c'est là une des plus grandes preuves de la puissance divine.

» Cependant la nuit avançait, et l'heureux Duval ne revenait point:

j'étais sur les épines, je craignais qu'il n'eût échoué, et que cela ne fît découvrir notre supercherie. Il parut enfin. Le plaisir qu'il avait goûté dans les bras de Caroline, n'avait fait qu'accroître sa passion. « Mon ami, me dit-il, tu enlèveras Aglaé, tandis que je m'emparerai de Caroline. Je sens qu'il me serait impossible maintenant de vivre loin de cette femme adorable. » A peine eut-il achevé ce peu de mots, et je m'apprêtais à tenter de le détourner de cette folle entreprise, lorsque les matines sonnèrent. « Mes amis, s'écria alors l'impétueux Duval, voici l'instant d'agir : que ceux qui m'aiment me suivent ! » Aussitôt nous nous dirigeâmes tous vers l'église. Semblables à des lions, chacun de nous s'élance sur sa proie, tandis que nos deux compagnons faisaient des dispositions pour assurer notre fuite. La vue d'Aglaé avait ranimé mon amour et mon courage, et malgré les cris des autres religieuses, et même de nos amantes, qui étaient loin de s'attendre à cet acte de violence, nous atteignîmes bientôt l'échelle de corde que nos amis avaient placée sur les murs. Je montai le premier, avec mon précieux fardeau, et j'arrivai sans encombre au milieu de la rue; mais hélas! mon ami Duval fut loin d'être aussi heureux; il devait payer de sa vie sa fatale imprudence..... Déjà il était parvenu à une hauteur considérable, lorsque tout-à-coup l'échelle rompit sous ses pieds..... Un gémissement sourd vint frapper nos oreilles..... Duval et sa maîtresse avaient vécus !...... Cet événement porta le désespoir dans nos cœurs; Aglaé s'évanouit, et je restai anéanti.

» Cependant les sœurs, qui nous avaient poursuivis en poussant des cris, s'avisèrent de sonner les cloches. Une chaise de poste nous attendait à quelque distance : les cloches continuaient à sonner; une plus longue hésitation nous perdait, sans pour cela sauver les malheureuses victimes de ce funeste événement. Je portai donc Aglaé dans la voiture, et lorsqu'elle reprit ses sens, nous roulions vers Paris.

» Nous arrivâmes bientôt dans cette Capitale de l'Europe, dans ce séjour d'opulence et de misère..... Le malheureux accident qui avait causé la perte de mon meilleur ami et de la charmante supérieure, était toujours présent à notre esprit ; mais est-il des maux que l'amour ne parvienne à faire oublier ?...... Au bout de quelques jours, le torrent des voluptés nous rendit insensibles à tout ce qui n'était pas amour et plaisir.

» Notre bonheur dura quelques temps, car j'avais eu le soin de me munir d'une somme assez forte. Deux mille écus me paraissaient un trésor inépuisable : chaque jour je faisais quelque présent à la maîtresse de mon cœur, et la félicité que nous goûtions nous semblait devoir être inaltérable. Hélas! l'illusion ne tarda pas à être détruite! Six mille francs, lorsqu'on ne vit pas avec plus d'économie que nous ne faisions, sont bientôt épuisés, et le délabrement de mes finances ne tarda pas à contrister mon âme. Aglaé s'aperçut de ce changement subit : elle crut que mon amour pour elle n'était plus le même; et elle se plaignait de ce que, disait-elle, elle ne suffisait plus à mon bonheur. Je fis tout mon possible pour la rassurer; mais comment aurais-je pu lui communiquer une sécurité qui était si loin de mon cœur?.... Chaque jour augmentait ma détresse; je ne possédais plus que quelques louis. Je cherchais, mais envain, les moyens de me procurer de l'argent, aucun expédient ne se présentait à mon imagination, et l'affreuse misère avançait à pas de géant. Enfin, mon dernier écu disparut, et le désespoir s'empara de mon âme. Il me fut impossible de cacher plus long-temps à ma jeune amie l'affreuse situation où nous nous trouvions. Elle en fut moins affligée que moi; mon amour, disait-elle, lui suffisait. Elle me présenta les bijoux que je lui avais donnés, en me conjurant d'en accepter le sacrifice. C'était une bien faible ressource dans la situation de nos affaires : ces frivolités, que j'avais payées fort cher, ne me rapportèrent pas le tiers de l'argent qu'elles m'avaient coûté ; et leur produit ne pût pas même acquitter quelques petites dettes que j'avais contractées dans un temps plus heureux. Aglaé travaillait à quelques ouvrages de broderie ; de mon côté, j'entrepris de faire quelques gouaches ; mais le produit de nos travaux était si faible, qu'il ne pouvait même suffire à notre existence.

Quand la misère entre par la porte, dit un vieil adage, l'amour s'envole par la fenêtre. J'aimais, j'adorais toujours Aglaé; mais le sentiment du malheur qui m'accablait empoisonnait tous les plaisirs que je goûtais près de ma maîtresse: le chagrin me poursuivait jusque dans ses bras.

» Un soir que nous délibérions sur le parti le plus sage à prendre dans cette conjecture, nous entendîmes frapper à notre porte; cela nous surprit, et Aglaé me pria de ne pas ouvrir; mais, au même instant, une voix de Stentor fit entendre ces terribles paroles: *De par le Roi! ou-*

vrez.... Nous sommes perdus! s'écria Aglaé, et elle tomba évanouie. J'étais aterré; mon désespoir était à son comble, et la rage était dans mon cœur. Dans ce terrible moment, je m'approche de la croisée; je mesure d'un œil hagard la distance qui me sépare de la terre.... Quatre étages!... Mais la raison a fait place au délire. J'allais m'élancer..... soudain un gémissement se fait entendre; je tourne la tête.... c'est Aglaé qui ouvre les yeux. Sa charmante figure me rend à la raison. Je m'avance près de ma maîtresse, je la relève, je la presse contre mon cœur! Cependant les coups redoublent, les pannaux de la porte tombent en éclats: il n'y a pas un instant à perdre. Dans cette terrible position, je saisis ma maîtresse; et, m'emparant d'un chenet, j'ouvre aux assaillans, et je me fais jour au moyen de l'arme dont je leur porte des coups terribles. Déjà j'ai descendu les quatre étages; mais deux sentinelles sont placées à l'entrée de la maison. Les baïonnettes se croisent pour nous couper la retraite: je lève mon arme, je vais frapper..... Au même instant, un fort détachement nous enveloppe; il fallut céder à la force, et nous fûmes arrêtés. Aglaé fut reconduite à la communauté dont je l'avais enlevée, et je ne parvins à échapper à la rigueur des lois que par la protection des puissans amis de mon père. Celui-ci, qui connaissait les hommes, qui savait ce dont l'amour est capable, se contenta de me faire quelques remontrances, et le temps finit par cicatriser la plaie de mon cœur; mais Aglaé, la malheureuse Aglaé ne put survivre bien longtemps à ses malheurs, et sa mort r'ouvrit de nouveau ma blessure, et ce ne fut que plusieurs années après que la sœur du comte de Beaupré ralluma le flambeau de l'amour, et me fit goûter un bonheur que je ne croyais plus fait pour moi. »

Ainsi finit M. Dalvincourt, que les amans avaient écoutés avec beaucoup d'intérêt. Puisse cet épisode être lu comme il fut écouté !

CHAPITRE X.

Conclusion.

On passa encore quelques jours à Milan, et ensuite l'heureux *trio* partit pour Naples, où le père d'Auguste recueillit l'immense succession de son frère.

Cependant le fils de M. d'Alvincourt était encore trop jeune pour rester dans l'inaction ; il parvint à obtenir une charge importante à la cour, car c'était un homme doué de beaucoup de talens et d'esprit ; et le monarque qui gouvernait alors avait le bon esprit de préférer le mérite personnel à la naissance.

La fortune de cette heureuse famille augmentait tous les jours, et Ernestine mit le comble à la félicité de son cher Auguste, en lui donnant un fils beau comme le jour, dont le roi voulut être le parrain.

Ces honneurs et l'élévation d'Auguste n'influèrent point sur son caractère; il fut toujours d'une humeur douce, et sut se faire aimer à la cour et à la ville: secret que jusqu'alors aucun homme n'avait trouvé, et qui probablement est mort avec lui. Ses nombreux bienfaits le firent chérir de tout le peuple, qui se plaisait à chanter ses louanges.

M. d'Alvincourt vécut encore long-temps au milieu de ses enfans, mais enfin la vie a des bornes, et le plus beau jour a ses nuages. Ce bon père paya son tribut à la nature, et cette mort porta le deuil dans le cœur de ses enfans, de ses amis, et de tous les pauvres, dont il était le soutien.

Les jeunes époux pleurèrent ce bon père; mais la douleur aussi a ses bornes, et le temps est un grand consolateur. Ils se consolèrent donc, et vécurent long-temps heureux. Puissent nos lecteurs en faire autant! c'est ce que nous leur souhaitons de tout notre cœur. Toutefois, nous espérons qu'ils voudront bien nous rendre justice, et convenir que nous n'avons rien négligé pour servir, selon leur goût, les modernes amateurs. Nous avions promis de l'amour, beaucoup d'amour ; et non-seulement nous avons tenu parole, mais nous avons eu le bon esprit d'assaisonner cela d'événemens merveilleux, tragiques, pathétiques, etc., etc.

On aime maintenant les émotions fortes : cela donne des vapeurs et des attaques de nerfs à nos petites-maîtresses ; mais cela leur fait plaisir : chacun son goût, et celui-là en vaut peut-être bien un autre. Autrefois, on mettait le budjet en vaudeville ; aujourd'hui nos vaudevilles ne ressemblent pas mal à des complaintes. Dernièrement le *Vampire* faisait rire tous les habitués du théâtre de Versailles (ce qui prouve que ces gens-là ont encore du sens commun), et le même jour, le *Pauvre Diable* faisait pleurer le *paradis* du Vaudeville : c'est-là une des bizarreries de l'esprit humain. Quant à nous, qui aimons à satisfaire tout le monde, nous ne voulons pas toujours pleurer; et, s'il existe encore en France quelques amis de la franche gaîté, nous espérons les faire rire bientôt. Chaque chose a son temps, et voilà, je crois assez de pleurs répandus. Nous tenterons de les sécher par quelques joyeuses nouvelles, quelques anecdotes passablement scandaleuses. Ainsi donc, au revoir, chers lecteurs! si vous n'êtes pas ingrats, nous ne nous quittons pas pour long-temps.

FIN.

www.ingramcontent.com/pod-product-compliance
Lightning Source LLC
Chambersburg PA
CBHW051921160426
43198CB00012B/1985